人不要臉 鬼都怕

人性厚黑心理學

李宗吾 著

「厚」——不能過於遲鈍

「黑」——也不能不擇手

臉皮厚的人，雖然被明哲之士所不屑和輕視，
但卻是每個想要成功的人，不得不具備的一項條件。
「厚」不能過於遲鈍，「黑」也不能不擇手段。
厚黑學，並不是挖空心思對付自己身邊的朋友、同事、主管，
真正的厚黑學是一種行事智慧。
你可以不厚黑，但是當你遇到厚黑的人你可以有辦法去應對。
這才是行走於社會必備的人生智慧。

永續圖書線上購物網
讀品文化事業有限公司

www.foreverbooks.com.tw
yungjiuh@ms45.hinet.net

POWER系列 54

人不要臉，鬼都怕：人性厚黑心理學

原　　著　李宗吾
出 版 者　讀品文化事業有限公司
責任編輯　楊子軒
封面設計　林鈺恆
內文排版　王國卿

總 經 銷　永續圖書有限公司
TEL ／(02)86473663
FAX ／(02)86473660
劃撥帳號　18669219
地　　址　22103 新北市汐止區大同路三段 194 號 9 樓之 1
TEL ／(02)86473663
FAX ／(02)86473660
出 版 日　2019 年 02 月

法律顧問　方圓法律事務所　涂成樞律師
CVS 代理　美璟文化有限公司
TEL ／(02)27239968
FAX ／(02)27239668

國家圖書館出版品預行編目資料

人不要臉，鬼都怕：人性厚黑心理學／李宗吾原著.
--初版. -- 新北市 ： 讀品文化, 民 108.02
面； 公分. -- （POWER 系列：54）
ISBN 978-986-453-090-8 (平裝)
1. 應用心理學
177　　107021868

序言

李宗吾（一八七九～一九四四），四川人，早年加入同盟會，長期從事教育工作，四川大學教授，歷任中學校長、省議員、省長署教育廳副廳長及省督學等職。他是厚黑學的創始人、發明者，被譽為「影響二十世紀中國的二十位奇才怪傑」之一。

二〇〇九年一部大陸電視劇《潛伏》掀起了一陣熱烈討論，除了劇情結構緊湊和角色設定的出色，這部劇裡反應的「權謀文化」也引起了很多人心中的共鳴，隨著電視劇被不斷關注，有一個主題占了主流——「辦公室政治」。有人從劇中錯綜複雜的敵我關係、笑裡藏刀的權謀爭鬥中總結出了一套詳盡的所謂職場攻略。

有人從《潛伏》中看出職場厚黑學，這並不奇怪，但觀眾應該明白的是，這些人並非是余則成的「同事」，而是他的敵人。

所謂的厚黑學，並不是挖空心思對付自己身邊的朋友、同事、主管，真正的厚黑學是一種行事智慧，知己又知彼，你可以不厚黑，但是當你遇到厚黑的人你可以有辦法去應對。這才是行走於社會必備的人生智慧。正如李宗吾先生所說：「我們熱讀《厚黑學》，就知道又厚又黑的人到處都有，在應付世事的時候，就不會被厚黑之輩愚弄了。同樣是一個厚黑，用它來圖謀自己的個人私利，是極端卑劣的行為，用它謀劃大眾的公利，是至高無上的道德。」

誠然，臉皮厚的人，雖然被明哲之士所不屑和輕視，但卻是每個想要成功的人，不得不具備的一項條件。所謂「能力夠更要臉皮厚」，為人處世非有「厚」的功夫不可。如果為人內向木訥，不能忍受各種在處世交往中的各種「規則」，過於顧及自己的虛榮心，就不能夠與他人和諧相處，更不可能抓住機會發揮自己，即使本身有出眾的才智，也會淹沒在芸芸眾生裡面，這真可謂有志者，竟一事無成了。

而我們所講的「黑」，絕不是提倡心黑手辣，行惡人間。而是用一種更妥當的方法去解決你所面對的問題，獲得你該獲得的利益。正如「厚」不能過於遲鈍，「黑」也不能不擇手段。

我們要學習的「黑」，不是簡單的詭計多端、狡詐陰險，它更包容了睿智、謀略與高瞻遠矚的深刻內涵。誰要想充分實現自我的價值與能力，誰就要擁有較別人更多的智慧與韜略，這是現代人要成功所必需的。

厚黑學的學問高深，切不可自以為聰明，須知天外有天，人外有人，聰明反會被聰明所誤，厚黑學的思想，不可等閒視之。如果能夠潛心學習，為我所用，則能悟出人生的非常之道，為人的技巧，處世的智慧皆能遊刃其間。

本書有李宗吾先生厚黑學詳細的解析，其中智慧，讀者可學一反三，在之後的人生變幻中靈活運用，為人處世必能得心應手。

CONTENTS

5. 以牙還牙，以黑反黑

6. 厚黑交談法

CONTENTS

7. 厚黑論辯法

厚黑學

Part

1.

處世有道，軟硬兼施

01 剛柔並濟，獨善其身

過於堅硬就會折斷，過於柔軟就會捲曲。金屬過於堅硬就容易折斷，皮革過於堅硬就容易破裂；領導者過於殘忍、武斷，大禍必然到來。災禍的降臨是從萌芽開始的。出現了禍亂的萌芽，如果不加警覺，不加防範，後悔就遲了。

岳飛被害死後，宋朝再也沒有能常打勝仗的人了。金國的宰相完顏亮自視勞苦功高，連皇帝也看不順眼，老覺得討厭，便把皇帝殺掉了，自立為皇帝，反正金朝乃番邦異族，不玩禮儀遊戲，更何況禮儀講了幾千年的漢人不是也老搞篡權奪位的那一套嗎？

完顏亮上台後，將那些開國元勳們，不管老少，功勞多少，殺得個精光，還將他們的老婆、女兒，統統納入後宮，供他淫樂。這一大幫人，都是完顏亮的叔母、姑媽、姐妹輩，但他已是貴為天子了，早和這一大幫人脫離了血統關係。「率土之濱，莫非王臣」，既是臣子，以自己的身軀侍奉皇帝，也就不存在亂倫關係了。即使亂倫，死後墮入十八層地獄，完顏亮也受得了、忍得住。

完顏亮還大興土木，修建了新的首都。宋朝有一個書呆子，叫柳永，寫了一首詞，中有「三秋桂子，十里荷花」之句，被完顏亮看到了，頓生無限慕羨之意，自己的土地上黃沙遍地，屍橫遍野，哪有江南那種錦繡繁華。腦子一熱，便下令發兵江南，征討宋朝。

他的母親徒單太后稍稍說了幾句反對的話，便被力大如牛的完顏亮奪過衛兵手中的狼牙棒，將母親活活打死。

完顏亮率兵六十萬人，一路所向披靡，毫不費勁地就攻到了安徽和縣，然後令六十萬旱鴨子們收集船隻，準備南渡長江。誰知虞允文帶著殘兵敗將，駕著捉泥鰍的小船，螞蟻似的出江作戰，打敗了完顏亮的第一次進攻。

完顏亮勃然大怒，將敗退回去的金兵全部趕進江中餵魚，自己帶領大軍，來到下游的瓜洲準備渡江。誰料想根據地大本營的人早已忍無可忍，趁他遠在江北，發動兵變，擁立完顏雍為帝。

消息傳來，完顏亮深感不妙，怕受兩面夾擊，命令士兵強渡長江，江沒渡成，金兵死傷慘重。完顏亮不但不安撫士卒，反而殘暴地斬殺敗兵，結果大部分士兵潰退回國，一部分士兵趁夜殺死完顏亮，提著他的頭回國報功升官去了。

厚黑有理

「舌柔在口，齒剛易落。」在錯綜複雜、曲折微妙的人際關係中，剛正不阿如岳飛死於「莫須有」的罪名。完顏亮一心求勝將敗退的數萬金兵投入江中，結果被忍無可忍的士兵殺害。可見能忍別人所不能忍，做到趨輕避重、權衡利弊者，才能遊歷人生，保全己身。

02 方圓有規，剛柔並重

方圓處世中，吃得眼前虧，也是斂方求圓的一種策略。吃得眼前虧求圓，是為了獲取其他方面的利益，是給「方」出成績打下基礎，是為獲得長遠利益和達到更高目標。

只有那些敢吃眼前虧的人，才是真正的好漢。

以前有句古訓：好漢不吃眼前虧。確實如此，如若面對兇惡的歹徒，「好漢不吃眼前虧」、「三十六計走為上策」當然不錯。

但是，如果一個人只為了一己私利、個人性命而不吃眼前虧，去違背道義，完全置真理於不顧，那根本也就沒有理由稱其為好漢了！

所以說，好漢要吃眼前虧，而且要善於吃眼前虧，敢於吃眼前虧。敢於受胯下之辱的韓信，倘若與市井無賴以命相搏，顯現出自己的才華，或可免受侮辱，但卻可能會因他人嫉妒而死得更慘；「過五關，斬六將」的關羽倘若貪戀曹營富貴，不顧兄弟深情重義，或可錦玉一生，但絕不可能成為人們所欽佩的大英雄。

敢於吃眼前虧的好漢並非面對生命危險不顧性命的一介莽夫，他們是在以眼前之虧等待支援的伏兵。

敢於吃眼前虧的好漢並非面對金錢利益不動聲色的億萬富翁，他們是無視眼前之虧正視金錢取之有道的君子。

人生之路，何其漫漫？只有敢於始終堅持真理，堅守道義才是真正的好漢，只有敢吃虧的才是好漢。

吃「眼前虧」是為了以後不吃更大的虧，好漢肯吃眼前虧是為了獲得長遠利益和更高的目標。「好漢要吃眼前虧」，因為如果不吃眼前的虧，以後可能會有更大的虧等著你「吃」。

換而言之，也就是說「好漢要吃眼前虧」的目的是以吃「眼前虧」來換取其他方面的利益，這就是「混」出個人樣來的基礎。但如果與此恰恰相反，因為不吃「眼前虧」而蒙受更大的損失或災難，甚至把命都弄丟了，未來、理想還從何談起？

所以，當你在現實社會中碰到對你不利的環境時，千萬別逞血氣之勇，也千萬別認為「可殺不可辱」，而要寧可吃「眼前虧」。

從某種意義上來說，世間一切生命，幾乎都是先屈後伸，我們可以看到，草本植物在萌芽之前，不是都曲捲著身子？所有動物在胎腹中、在蛋殼裡不也都是曲捲著身子？就連人在母腹中也都是曲捲著身體而生長的。可見，沒有屈就不可能有伸，先屈後伸是生命的天性，更是冥冥之中不可抗拒的天道。

古人說「小不忍則亂大謀」，如果面對亡命之徒頂在腰間的利刀或槍口要你交出錢包，除非你不要命，否則最好的選擇就是破財消災，吃點小虧，以屈求全。如果一味強調「伸」，有時連生命都會不保，還有什麼資格和本錢來談事業、談理想、談未來？

試想，春秋時，越王勾踐兵敗被俘，倘若不忍辱求生，臥薪嘗膽，甘心為奴，「身執干戈為吳王洗馬」，甚至親口嘗糞，怎能博得吳王夫差的同情被釋放回國，最後起兵殺死夫差報仇雪恨？每個人都有屬於自己的人生目標和理想，為達到這些目標，為了取得更大的利益，面對野蠻霸道，強權政治，甘受寂寞，甘受白眼，甚至甘願被社會和親人誤解，這些都是應該的，同時也是值得的，因為這並不喪失自己的人格，而是在更高層次地顯示你的人格力量，更重要的是今天你甘願忍受某些人不公平的對待，明天你將可能會受到更多人的尊重乃至敬仰，盡可能委屈自己是為了最大限度地使自己發展、伸長。

另外，再拿求人來說，人生在世不求人是不可能的，俗話說：「求人三分矮。」你想求人首先就必須委屈自己，放下架子，如果你認為自己臉皮薄不肯「屈」，那你可能永遠也成不了事。臉皮的厚薄只是自己的一時感受，最後能辦成事才是最後的目的，何況臉皮也是可以由薄變厚的。厚黑大師李宗吾說：「起初的臉皮像一張紙，由分而寸，由尺而丈，就厚如城牆了。」又說，「臉皮一厚，就是走到了山窮水盡當乞丐的時候，討口飯，也比別人討多點。」的確是這樣，「人不要臉，鬼都害怕」。

一天，獅子建議九隻野狗與牠合作獵食。牠們打了一整天的獵，一共逮了十隻羚羊。

獅子說：「我們得去找個英明的人來給我們分配這頓美餐。」

一隻野狗說：「一對一就很公平。」獅子很生氣，立即把它打昏在地。

其他野狗都嚇壞了，其中一隻野狗鼓足勇氣對獅子說：「不！不！我的兄弟說錯了，如果我們給您九隻羚羊，那您和羚羊加起來就是十隻，而我們加上一隻羚羊也是十隻，這樣我們就都是十隻了。」獅子滿意了，說道：「你是怎麼想出這個分配妙法的？」野狗答道：「當您衝向我的兄弟，把它打昏時，我就立刻增長了這點智慧。」

以這個故事為例，狗能夠分到一隻羚羊就是眼前虧，牠若不吃，換來的可能是獅子的利爪。你認為哪個划算？

人，不是神，不可能是萬能的，樣樣都行、事事皆通，就是會七十二變的孫悟空也難以逃出如來佛的五指山。人總有其侷限性，何況幸運之神也不可能與你長相依。所以，一個人，順利時應揚長避短，能伸能屈，有所為而有所不為；低潮、困難、逆境、失敗、倒楣落難時應收起鋒芒，委曲求全，韜光養晦，等待時機，用不變應萬變，以圖東山再起，千萬不可急躁妄為。凡人欲成其事，只有先屈方能後伸，正如出手打人一樣，你必須先向後彎曲手臂才能伸手打得出去。屈是為了伸，以屈求伸，以退為進，是一種很好的做人做事策略。

厚黑有理

「剛中有圓，柔中有方」，方圓學指的是在剛強之中蘊藏柔，同時又在柔中藏有剛勁，這和厚黑學裡所說的能屈能伸有些類似，屈的時候藏有剛強，但伸的時候並不是勇往直前找不到東西南北。伸的過程是一個強的過程，裡面自然也會有柔的一面，這樣也就不容易被打敗，真正可以做到勝不驕而敗不餒。

03 恩威並重，寬嚴有度

隋朝的暴政促成農民起義烽煙四起，中國又再出現群雄割據的局面，而唐王朝就在這個亂世之中建立。

在隋末天下大亂之際，許多隋朝的官吏也紛紛造反，擁兵自立，其中李淵父子的太原起兵最終導致了唐朝的建立。李淵的次子李世民是諸子中最有才能、膽識過人的一個。他眼見隋朝大勢已去，便暗結俊傑，銳意經略天下。西元六一七年，天下大亂，世民乘機勸父親起兵。李淵依世民及晉陽令劉文靜之計，起兵太原，自任大將軍，率兵三萬餘人進取關中，並於大業十四年（西元六一八年）在長安建立唐朝。當時割據一方的群雄彼此相互攻伐，人人都想君臨全國。唐高祖即位後，乃以世民為帥，領兵次第削平群雄到太宗貞觀二年（西元六二八年），剷除了割據朔方的梁師都，全國復歸統一。

李淵正妻竇氏生有四子，三子玄霸早亡，其餘長子建成、次子世民、四子元吉都隨父親打天下。唐朝建立後，高祖封建成為太子，世民為秦王，元吉為齊王。秦王李世民從小喜歡弓馬騎射，練就一身精湛功夫。又深諳兵書戰策，長於謀略，自太原起兵到統一全國，戰功顯赫。而且手下有一批人才。在秦王府中，文有房玄齡、杜如晦等，號稱十八學士；武有尉遲敬德、秦叔寶、程咬金等著名勇將。但李世民與日俱增的聲望和實力引起了太子李建成的嫉妒和不安，李建成在統一戰爭中有很大的功勞，加上長期留守京師長安，也有很強大的政治力量。可和秦王李世民相比就大為遜色了。只因為他是高祖的長子，才取得太子的地位。

李淵的四子齊王李元吉對皇位也有覬覦之心，他感到秦王的強大威脅，知道自己在競爭中的劣勢地位，由於共同的目標，李建成和李元吉結成了暫時的同盟。一起排擠李世民。建成、元吉知道唐高祖寵愛一些妃子，就經常在這些寵妃面前拍馬送禮，討她們的歡喜。李世民就沒有這樣做。李世民平定東都之後，有的妃子私下向李世民索取隋宮裡的珍寶，還為她們的親戚謀官做，都被李世民拒絕了。於是，寵妃們常常在高祖面前說太子的好話，講秦王的短處。唐高祖聽信寵妃的話，跟李世民漸漸疏遠起來。另一方面，他們還千方百計想除掉李世民。有一次，建成請李世民到東宮去喝酒。世民喝了幾盅，忽然感到肚子痛。別人把他扶回家裡，他一陣疼痛，竟嘔出血來。李世民心裡明白，一定是建成在酒裡下了毒，趕快請醫服藥，總算慢慢好了。

建成、元吉兩人又想將秦王府的一些勇將收買過來。建成私下派人送了一封信給秦王手下的勇將尉遲敬德，表示要跟尉遲敬德交個朋友，還給尉遲敬德送去一車金銀。尉遲敬德跟建成的使者說：「我是秦王的部下。如果私下跟太子來往，對秦王三心二意，我就成了個貪利忘義的小人。這樣的人對太子又有什麼用呢。」說著，他把一車金銀原封不動地退了。建成受到尉遲敬德的拒絕，氣得要命。當天夜裡，元吉派了個刺客到尉遲敬德家去行刺。尉遲敬德早就料到建成他們不會放過他。一到晚上，故意把大門打開。刺客溜進院子，隔著窗戶偷看，只見尉遲敬德斜靠在床上，身邊放著長矛。刺客本來知道他的名氣，怕他早有防備，沒敢動手，偷偷地溜回去了。

西元六二六年，突厥進犯中原，建成乘機向唐高祖建議，讓元吉代替李世民帶兵北征。唐高祖任命元吉做主帥後，元吉又請求把尉遲敬德、秦叔寶、程咬金三員大將和秦王府的精兵都劃歸元吉指揮。他們打算把這些將士調開以後，就可以放手殺害世民。有人把這個祕密計劃報告了李世民。李世民感到形勢緊急，連忙找他舅子長孫無忌和尉遲敬德商量。兩人都勸李世民先發制人。李世民說：「兄弟互相殘殺，總不是件體面的事。還是等他們動了手，我們再來對付他們。」尉遲敬德、長孫無忌都著急起來，說如果世民再不動手，他們也不願留在秦王府白白等死。李世民本就不願將自己創下之江山拱手讓人，遂決心發動政變。武德九年（六二六年）六月三日，秦王向父皇密奏太子、齊王淫亂後宮、多次圖謀害己之事，高祖決定明日一早，召他們兄弟三人進宮，由他親自查問。

六月四日早，李世民叫長孫無忌和尉遲敬德帶了一支精兵，埋伏在皇宮北面的玄武門，只等建成、元吉進宮。沒多久，建成、元吉騎著馬朝玄武門來了，他們到了玄武門邊，覺得周圍的氣氛有點反常，兩人撥轉馬頭，準備回去。李世民從玄武門裡騎著馬趕了出來，高喊說：「殿下，別走！」元吉轉過身來，拿起身邊的弓箭，就想射殺世民，但是心裡一慌張，連弓弦都拉不開。李世民眼明手快，一箭射死皇太子李建成，緊接著，尉遲敬德帶了七十名騎兵一起衝了出來，尉遲敬德一箭，射殺了齊王李元吉。東宮和齊王府的將士聽到玄武門出了事，全部出動，猛攻秦王府的兵士。李世民一面指揮將士抵抗，一面派尉遲敬德帶兵進宮。

唐高祖正在皇宮裡等著三人去朝見，尉遲敬德手拿長矛氣吁吁地衝進宮來，說：「太子和齊王發動叛亂，秦王已經把他們殺了。秦王怕驚動陛下，特地派我來保駕。」高祖這才知道外面出了事，嚇得不知道該怎麼辦才好。宰相蕭瑀等說：「建成、元吉本來沒有什麼功勞，兩人妒忌秦王，施用奸計。現在秦王既然已經把他們消滅，這是好事。陛下把國事交給秦王，就沒事了。」唐高祖見木已成舟，只好聽左右大臣的話，宣佈建成、元吉罪狀，命令各府將士一律歸秦王指揮。接著，李世民一方面用叛逆的罪名，誅殺了建成和元吉的後裔，斬草除根。一方面卻下召赦免東宮和齊王府的文武，基本安定了局勢，消除了通往皇帝寶座的一切障礙和隱患。六月七日，高祖詔立世民為太子。是年八月，高祖又被逼讓出皇位，自稱太上皇，傳位給太子李世民，是為唐太宗（六二六～六四九），次年改元貞觀。從而使中國進入一個繁榮時期——貞觀之治。

中國歷史上，為爭權奪利而骨肉相殘之事屢見不鮮，李世民的「玄武門之變」是當中的案例。我們應該承認李世民是一個有作為的帝王，他是唐王朝的實際建立者，他開創的「貞觀之治」，造就了光輝燦爛的大唐文化。但是也必須如實指出其殺兄、屠弟、逼父的篡權行為。

蔣介石在用人統禦方面，很有政治家的手腕，很會攏絡部屬。

蔣介石有一個小本子，裡面記載著國民黨師以上官長的籍貫、親緣及一般人不大注意的細節。凡是少將以上的官長，他都要請到家裡吃飯，每次都是四菜一湯，簡樸之極，作陪的往往只有蔣經國。採用這種不請別人陪客的家宴方式使得對方倍感親近。同時，簡單的飯菜給他的部下留下了清廉的印象。蔣介石請部屬吃飯後，總要合一張影。他與孫中山有一張合影相片，孫中山先生坐著，他站在孫先生背後。他與部屬合影也擺這個姿勢，其中的用意不講自明。他常對部屬說：

「叫我校長吧！你們都是我的學生。」

如果不是黃埔學生，他也很慷慨：「哦，予以下期登記吧！」這樣就提高了部屬的身價，起到了收買拉攏的作用。

蔣介石給部屬寫信，除了一律稱兄道弟外，還用字型大小，以示親上加親，可以說他很懂人情世故。

蔣介石不僅熟記部屬的名號、生辰、籍貫，而且對其父母的生日也用心記得很準。有時，他與某將領談話時，提起某將領父母的生日，使該將領受寵若驚，十分激動，深為委員長的關切所震撼。

第十二兵團司令官雷萬霆調任他職時，蔣介石召見了他，蔣介石說：「令堂大人比我小兩歲，快過甲子華誕了吧！」

雷萬霆一聽：眼淚都快流出來了，激動得聲調顫抖著說：「總統日理萬機，還記著家母生日！」

蔣介石說：「你放心去吧！到時我會去看望她老人家，為她老人家添福增壽。」

雷萬霆自然死心塌地成了蔣介石的心腹。

當杜聿明在徐州為蔣介石打仗賣命時，蔣介石從小本子上查到杜母的生日，他立即命令劉峙在徐州舉行為杜母祝壽的儀式，同時又令蔣經國親赴上海，為杜母送去十萬元金圓券的壽禮，並且在上海舉行隆重的祝壽儀式。

這個消息傳到徐州，杜聿明十分吃驚，這不僅是因為蔣總統記得其母的生日並親自派人祝壽，而且因為陳誠去台灣療養，蔣介石才批五萬元金圓券。蔣介石如此厚待杜聿明無非是讓杜聿明為他拼命死戰。

厚黑有理

人都是有感情，要臉面的。我們尊重人才就要尊重人的感情，不要傷害人的感情。一個人的感情受到了傷害，要比他身體受到傷害更難治癒。傷害了一個人的感情，就永遠失去了一個朋友。正確的做法是恩威並重，嚴愛結合。不管是古代還是現代，明智的人都是懂得恩威並重的重要性在不傷害他人不傷害自己的情況人，讓他人更信服自己，讓人際交往更順暢。

04 柔不一定弱，剛不一定強

在社交處世中，遇到對你敵對的人，當然應該泰山壓頂，一舉全殲，但是如果敵人過於強大呢？以硬對硬，猶如以卵擊石。

俗話說滴水可以穿石，柔竹能敵強風。不妨來個「纖細陰柔之術」。何謂「纖細陰柔之術」，其術「纖」為表，而思慮之「細」在其中，「柔」為表，而行事之「陰曲」在其裡。

心細如絲，方能防欺絕奸；行事曲折隱祕，才能出人意料。柔弱之水可變滔天巨浪，摧枯拉朽，吞噬一切，可鑿岩穿石，水滴石穿。可見柔並不等於弱，剛也並不一定等於強，關鍵在於人怎樣去利用它，怎樣恰到好處地利用它。

「柔」被弱者利用，可以博得人同情，很可能救弱者於危難之間。因此，「柔」往往是弱者的護身符。

春秋魯文公六年（西元前六二一年），晉國君主晉襄公死了，太子年幼，諸大臣各自保薦不同的王子。其中，有兩個人勢力最為強大，競爭最為激烈。

趙盾想立襄公的弟弟公子雍，而賈季則想立襄公的另一個弟弟公子樂。當時兩公子都不在晉國。賈季派人去陳國接公子樂回晉，他動作迅速，走在了趙盾前面。趙盾即派人悄悄在半路把公子樂截殺了。公子樂死了，趙盾從容不迫地派人前往秦國去迎接公子雍回晉。

公子樂已死，公子雍似乎已坐定晉國君位無疑。襄公夫人穆嬴作為一個軟弱婦人，只能看著年幼的太子就要失去繼承君位的權利，而且很有可能遭遇暗算。於是，她使出了哀兵之計，力圖以柔克剛。

每次群臣朝會議事，穆嬴就抱著小太子在朝堂痛哭，說：「先君到底在哪一點上有過失？年幼的太子有什麼罪？太子雖然還小，但總也還是先君親自冊立的，難道誰說廢就可以廢嗎？」她往往掩面長泣，太子年幼，見母后傷心流涕，也跟著放聲大哭。

到傷心處，母子抱成一團，泣聲如訴，場面甚是淒涼感人。群臣即使不以為然，但次數多了竟也開始逐漸地有了做賊心虛的感覺。

穆嬴還經常在退朝後抱著太子去趙盾家裡，以情動之，說：「先君倚重您，臨終之前抱著這個孩子把他託付於你。先君的殷殷叮囑，無盡的信賴，擔心而又滿懷希望的目光，妾身都還清清楚楚地記得，您難道就忘了嗎？先君擔心太子年幼，但因為您那麼懇切地答應照顧太子，他也就放心地去了。而今您卻要廢黜太子，您難道不想一想先君對您的厚待和重託嗎？丈夫豈可不忠君？丈夫豈可不守信？百年之後，您打算如何去見先君呢？而且，太子何辜啊！」

趙盾一面於情不忍，一面擔心這樣下去會鬧得人心惶惶，國內將不得安寧，而且會讓自己失去人心，自己擁立的新君也將失去人心，那樣豈不是得不償失。於是他與群臣商議，派軍隊去攔截秦國護送公子雍的軍隊，不讓公子雍進入晉境，仍然立太子夷皋為君，就是晉靈公。

中國歷史上的許多以「柔道」處世，以「柔道」治國的成功事例，早已證明「柔道」比「剛道」更加行之有效，其事半功倍、為利久遠之特點，更是「剛道」所遠不及的。

在中國歷史上，能夠自始至終地貫徹「柔道」的厚黑之人，當數東漢的光武帝劉秀，可以說他是以善用「柔道」而取得巨大成功的開國皇帝。

劉秀是漢高祖劉邦的九世孫。其父劉欽是南頓縣令，在劉秀九歲時病故。此後，劉秀與哥哥劉演被叔叔收養。兄長劉演獨有大志，好養俠客，而劉秀卻好稼穡傭耕。

劉秀思慮縝密，言語不苟，與人相交，也不記小怨，喜怒哀樂不形於色。在他二十八歲的時候，因王莽的「新政」不得人心，加上天災人禍，各地的農民紛紛起義，尤其是綠林、赤眉兩支起義軍，聲勢浩大。

在這種風起雲湧的形勢下，劉秀借南陽一帶穀物歉收，與兄謀劃起義，得眾七、八千人。

劉秀起義後，逐漸與當地的其他起義軍會合，一度併入綠林軍。西元二十三年二月，綠林軍為了號召天下，立劉秀的族兄劉玄為帝，年號更始，綠林軍的勢力得到了迅速的發展，以致王莽「一日三驚」。

可是，昆陽之戰後，起義軍內部發生了分裂，劉秀的哥哥劉演被殺。因為劉秀兄弟的威名日盛，遭到另一派起義軍將領的嫉妒，加上劉秀的哥哥當初曾反對立劉玄為帝，正好藉此進讒。後來這些將領藉機殺了劉秀的哥哥。

劉秀當時正在父城，聽到哥哥被殺，十分悲痛，大哭了一場，立即動身來到宛城，見了劉玄，並不多說話，只講自己的過失。回到住處，逢人吊問，也絕口不提哥哥被殺的事。既不穿孝，也照常吃飯，與平時一樣，毫無改變。劉玄見他如此，反覺得有些慚愧，從此更加信任劉秀，並拜為破虜大將軍，封武信侯。

其實劉秀因為兄長被殺而萬分悲痛，此後數年想起此事還經常流淚嘆息，但他知道當時尚無力與平林、新市兩股起義軍的力量抗衡，所以隱忍不發。後來，劉玄定都洛陽以後，派劉秀以大司馬身份去安撫河北一帶。

劉秀以寬柔的「德政」收攬軍心，很少以刑殺立威，這一點，在收編銅馬起義軍將士時表現得最為突出。當時，銅馬起義軍投降了劉秀，劉秀就封其渠帥為列侯，但劉秀的漢軍將士對起義軍很不放心，認為他們曾遭攻打殺掠，恐怕不易歸心。銅馬義軍的將士也擔心不能得到漢軍的信任而被殺害。在這種情況下，劉秀競令漢軍各自歸營，自己一個人騎馬來到銅馬軍營，幫他們一起操練軍士。

銅馬將士議論說：「肖王（劉秀）如此推心置腹地相信我們，我們怎能不為他效命呢？」劉秀直到把軍士操練好，才把他們分到各營。銅馬義軍受到劉秀的如此信任，都親切地稱他為「銅馬帝」。

劉秀實行輕法緩刑、重賞輕罰的政策。他認為：「古之亡國，皆以無道，未嘗聞功臣地多滅亡者。」於是，他分封的食邑最多的竟達六縣之多。至於罰，非到不罰不足以毖後時才罰，絕不輕易殺戮將士。

在中國歷史上，往往是「飛鳥盡，良弓藏；狡兔死，走狗烹；敵國滅，謀臣亡」，但東漢的開國功臣卻皆得善終。

劉秀「柔道」興漢，少殺多仁，跟著這樣的主子，他的臣子們好像是占了很大的便宜。其實，最大的受益者還是劉秀本人，在群雄逐鹿中，靠著這些人，擊敗所有對手，最後問鼎中原。

厚黑有理

柔並不等於弱，剛也並不一定等於強，關鍵在於人怎樣去利用它，怎樣恰到好處地利用它。可是，不論在歷史上還是現實中，剛者居多，柔者居少。若能以柔為主，寓剛於柔，其表現方式往往就是「柔道」。「柔道」是為人處世的最佳方法。

Part

2.

隨機應變，厚而無形

01 裝傻充愣，深藏不露

在為人處世中，透過自貶來抬高別人，來獲取對方的好感，往往效果奇佳。當然，「自貶」需要臉厚，必要時甚至還要「裝傻充愣」，即使受到羞辱，臉上也絕對不能有一絲一毫的不滿流露，甚至還要做出滿心歡喜的樣子。

厚與黑固然是人之本性，行厚黑也是人情之自然。但是，真正的大厚黑者都懂得深藏不露。李宗吾說：「十室之邑，必有厚黑如宗吾者焉，不如宗吾之明說也。」因此，行厚黑的人往往是厚黑儘管厚黑，卻應默默去做，不要張揚，否則樹大招風，會招來不必要的麻煩。

「裝傻充愣」的本義其實是一種人生境界，是聰明人所為，是那種明瞭一切卻不點破的拈花微笑般的智慧。在生活中不少人就用「裝傻充愣」的方法把生活中的事模糊處理得十分圓滿。

朱元璋當上皇帝後，一改當皇帝前那種愛護百姓、禮賢下士的作風，而是性情暴躁，殺人如麻，大批功臣宿將都被他殺了。

洪武十五年，朱元璋又建立了錦衣衛這個特務組織，隨便抓人殺人。

但皇太子朱標卻很仁慈，見父皇亂殺人，心裡很不贊成。而朱元璋見自己年事已高，一心想訓練太子將來做皇帝的能力，常常要太子按自己的意圖處理政務。所以父子總是意見分歧，弄得滿朝文武百官左右為難。一天朱元璋上朝，滿臉殺氣。百官一見，嚇得渾身發抖。這時朱元璋大聲喝令：

「袁凱！」

「臣在。」御史袁凱趕忙跪下。

「你把這些案卷送給太子複看，看後火速帶回！」

「臣遵旨！」袁凱接過案件，直奔東宮太子朱標住處。

太子接過案卷一看，見父皇又要殺許多人，心中很難過。他歎了口氣只在案卷上寫上幾句話就交給袁凱呈父皇。

朱元璋見太子在案卷上寫道：

「父皇陛下！依兒臣之見，以仁德結民心，以重刑失民心。望父皇三思。」

朱元璋看後臉色一沉。他突然問袁凱：

「朕要殺人，太子要從寬，你說誰對？」

袁凱本已嚇得心直跳，聽到皇上發問，他臉上急得冷汗直冒。如何回答呢？一個是皇帝，一個是太子，怎敢說誰不對呢？

這袁御史是松江華亭人，字景文。他博學多才，詩也作得好，寫過一首白燕詩，故人稱「袁白燕」。他確是聰明過人，心中一急，倒是急出話來，他叩頭答道：

「微臣愚見，陛下要殺，乃是執法；太子要赦，乃是慈心，都有道理。」這一答，滿朝文武無不暗暗稱讚，就連朱元璋也暗暗稱是。

當袁凱和文武百官剛鬆了口氣，卻猛聽朱元璋手拍御案，怒氣衝衝地站了起來，指著袁凱罵道：

「你這老滑頭，竟敢在朕面前兩邊討好。我先斬了你，看還有誰敢在朕面前花言巧語！」

這一下嚇得百官手足無措。袁凱更是嚇得臉色蒼白，癱倒在殿上。幸虧還有幾位膽大的大臣跪著替袁凱求情，朱元璋才沒有殺袁凱。

袁凱退朝回到家裡，飯也沒吃，倒床便睡。他的妻子見此便問究竟出了什麼事。

俗話說，伴君如伴虎。袁凱歎了口氣說：「為了貪圖做官，今日弄得性命難保。要在松江華亭多好！」妻子吃一驚，連忙追問原因。袁凱將今日在朝中所發生的事一說，傷心地歎了口氣：

「君要臣死，臣不得不死。今日雖躲過，難逃明日。」妻子憤恨地說：「看來今日朱皇帝和秦始皇差不多！」

「秦始皇？」袁凱口中喃喃地念到，忽然想到秦二世逼要趙高女兒趙艷容，趙艷容裝瘋的故事……

第二天早朝，朱元璋要找袁凱的岔子，一上來就召袁凱，誰知叫了兩聲，都無人答應。袁凱沒有上朝。

百官又都嚇了一跳。

「袁凱哪裡去了！」朱元璋怒容滿面。「派人去袁家看看，看他為何不上朝？」朱元璋喝令道。

不一會兒，去察看袁凱的人上殿奏道：「啟奏陛下，袁御史瘋了。」

「什麼！他瘋了？」朱元璋怔了一下。

「是的，」來人又奏，「他昨晚一會兒哭，一會兒笑，砸鍋摜碗，打人罵人，亂蹦亂跳，嘴裡又胡言亂語。折騰一夜，把家裡的東西摔得一地。」

「朕不信，」朱元璋冷笑道，「昨日還是好好的，今日就瘋了，這老傢伙又耍什麼花招？瘋了也給我綁到殿上！」

袁凱被綁上殿，只見他披頭散髮，滿臉黑灰，衣衫被撕破，渾身沾滿了糞汙。到殿上，他呆呆直立，不參不拜，不稟不報，兩眼向上翻。

「他真瘋了！」百官搖頭嘆息道。

朱元璋半信半疑地說：「來人，拿木鑽鑽他一下，看他是真瘋還是假瘋！」

木鑽在袁凱手背上鑽了一洞，鮮血直流，而袁凱卻毫無反應。

「這老頭真瘋了，帶出去吧！」朱元璋揮了揮手。

袁凱木頭似的站在那裡，絲毫反應也沒有。

兩人將他送回家裡，卻躲在門口偷看。只見他進門後，不喜不怒，卻學狗爬叫，血弄得滿臉都是。兩人回朝稟報朱元璋，朱元璋仍不放心，第二天再派親信前往察看。只見袁凱趴在地上又滾又叫，手裡捧著一團屎往嘴裡塞。那親信一陣噁心，只看一會兒就回宮覆命，肯定地說袁凱真瘋了。

朱元璋聽了笑著說：「也罷，不管這老頭兒真瘋假瘋，肯吃屎也算他真瘋了。」

其實，袁凱是假瘋。他料定朱元璋絕不輕易放過他。朱元璋的親信來察看前，事先叫妻子用炒麵拌糖稀做成屎狀，放在籬笆旁。親信以為他真的把屎吃掉了。時間一長，袁家人呈報回鄉養病，朱元璋也不願意再給瘋子發俸祿，也就准了。

袁凱終於用裝瘋這一招騙過了朱元璋，撿得一條性命回到自己的故鄉——

松江華亭，得了個善終。

厚黑有理

遇事裝傻充愣，不動聲色，實際就是裝糊塗，而且要裝得徹底。不過，在生活中裝傻是一門有技術的事。你表面上要裝得恰到好處，內心裡還要清楚你裝傻的目的。所以，一個人裝傻裝得好也是要靠才情的，這是一種和聰明一樣艱難的工作。

在人生中，越是大事，糊塗越要裝得徹底。同時，裝傻也會讓自己的心明白很多，聰明不用寫在自己臉上，寫在心裡才是大智！世道複雜，裝瘋賣傻才是真聰明、真本領啊。

02 裝瘋賣傻，瞞天過海

魏晉時，司馬氏專權，凡對自己政權不滿的人或不能為己所用的人，他都要統統予以剪除，手段毒辣無比，令人望而生畏。

天下名士被他們殺掉了一大半。迫於這種形勢，許多名士如「竹林七賢」中的阮籍、嵇康、劉伶等人都借酒放狂，裝出瘋癲的模樣，整日醉醺醺地不理人間事，一來掩飾自己內心的痛苦，二來掩他人耳目，讓人覺得他們對政治不感興趣。

其中，利用這招巧妙地避禍保身最有特點的要數阮籍。他時常醉酒不醒，不與人交談，即使不得已講話，亦「口不臧否人物」，並常以青白眼示人。司馬氏派人來考察他，看他是否心懷不滿，他就假裝正與人打鐵，完全是一副癡癡癲癲的模樣。

魏晉名士許允的妻子阮氏，賢慧聰明。阮氏為許允生了兩個兒子，一個叫許奇，一個叫許猛。這兩個孩子小時候就很聰明，有名氣。後來，許允因為受人牽連，被司馬氏殺掉。司馬氏此時掌握著軍政大權，對政敵極其嚴厲，殺人要斬草除根，對他們的後人也不留情。

許允的手下人趕緊跑回來告訴阮氏。阮氏當時正在織布，聽到這個消息，她冷靜地說：「我早就料到有這一天。」那些手下人要把許允的兩個兒子保護起來，阮氏說：「這不關孩子的事。」

後來官府讓阮氏母子搬家去看守墳墓，司馬氏派鍾會去試探他們。這鍾會也是個非常聰明的人，後來做到了鎮西將軍，在征服蜀漢的過程中發揮過重大作用。他這次去試探阮氏母子的意圖是：如果許奇兄弟很聰明，就拘捕並殺了他們；如果他們的才能很平常，諒他們長大也報不了仇，就饒了他們。許奇兄弟揣測到鍾會的來意，並告訴母親。

阮氏說：「你們兄弟可以就自己所知道的隨便跟鍾會交談，不要去動腦筋揣摩對方的想法，你的說法，越自然就會顯得越平庸。說起你們的父親，也不必太悲傷，也不必要故意迴避朝廷的事，可以適當問一些朝廷的事。」

孩子們按照母親的指點，表現得很隨便，很平庸的樣子。鍾會回頭如實報告司馬氏，說許允這兩個兒子只不過是凡夫俗子，並不怎麼厲害。於是，司馬氏就沒有殺他們。後來，許奇當了司隸校尉，許猛是幽州刺史，才能、地位都不比他們父親低。

鍾會也是一名厚黑之士，一般的裝瘋賣傻會被他一眼識破。看來阮氏的確是一個厚黑高手，對人性瞭解得非常透徹，智慧過人的鍾會都輸給了阮氏，讓她蒙混過去了。

厚黑有理

厚黑學認為，假話將被識破，或者已經引起懷疑，這時必須儘快設法加以補救，這是厚黑者務必要考慮的問題。通常在對手之間，或統治者與潛在的反抗者之間，如有人一旦發現對手在利用假話蒙蔽自己，他必定會採用反措施，甚至剪除對手。歷史上許多心狠手辣的國王君主都這麼做過。為了逃避假話被揭穿的後果，或者使對手再也無從去追查假話的真實性，必要時可以佯裝發瘋。這樣既避免了殺身之禍，又使對手無法識破以前的謊言，同時又被新的偽裝所蒙蔽。

03 玩變臉，笑罵不形於色

「不要以為一個人只有一張臉。在女人的法則裡，常常『上帝給她一張臉，她自己另造一張』。不塗脂粉男人的臉，也有捲簾一格，外面擺著一副面孔，在適當的時候如簾子一般捲起，又有一副面孔露出。」梁實秋先生為我們勾畫了舊時官場上的男人臉譜，「誤入仕途的人往往養成這一套本領。對下級道貌岸然，或是面無表情，像一張白紙似的，使你無從觀色，高深莫測，或是面皮繃得像一張皮鼓，臉拉得驢般長，使你在他面前覺得矮好幾尺！但是他一見到上司，驢臉得立刻縮短，再往癟裡一縮，馬上變成柿餅臉，堆下笑容，直線條馬上變成曲線條，如果見到更高的上司，連笑容都找不到了，未開言嘴唇要抖上好大一陣，臉上做出十足的誠惶誠恐之狀。簾子臉是傲下媚上的主要工具，對於某一種人是少不得的。」

梁先生的「臉譜論」道出的是逢場作戲的實質本領。能夠一會兒黑臉一會兒白臉，軟硬兼施，集剛柔、德威於一身，便能像一位出色的演員，勝任自己在社會中扮演的角色。

人際交往，談判交涉，官場商場，必須懂得自保而後主動進攻而取勝。一味地「軟」，扮白臉，無異於縱人欺侮；總是黑著臉強硬或白著臉使詐，又會激化衝突、處處受防而落得敵人滿天下。高明的操縱者，黑白並用，黑白相間，追求軟硬兼施的巧妙效果。

你可以「說單口相聲」，一會兒黑臉，一會兒白臉，讓人捉摸不定，高深莫測。扮黑臉作莽漢可殺滅對手威風，作白臉好人可用以給人台階，圓滿收場。

你可以說「對口相聲」，一唱一和，讓對手如墜霧裡。扮黑臉者給對手造成壓力，構成威脅，然後由白臉出場取得滿意的結果。

變臉是一種巧妙的功夫，也是為人處世高明的厚黑策略。

每種單一的方法只能解決與之相關的特定問題，都有不可避免的副作用。對人太寬厚了，便約束不住，結果無法無天；對人太嚴格了，則一片死寂，毫無生氣。有一利必有一弊，此事自古難全。高明的人都知道此理，為避此弊，莫不運用黑白臉相間之策。有時兩人搭檔合唱雙簧，一個唱黑臉，一個唱白臉；更高明者，就像高明的演員，根據角色需要變換臉譜。今天是溫文爾雅的賢者，明天變成殺氣騰騰的武將。歷史上不乏此類高手。

高歡是東魏獨攬大權的丞相，臨死前把兒子高澄叫到床前，談了許多輔佐兒子成就霸業的人事安排，特別提出當朝唯一能和心腹大患侯景相抗衡的人是慕容紹宗。說：「我故不貴之，留以遺汝。」當父親的故意唱黑臉，做壞人，不提拔這個對高家極有用處的良才，目的是把好事留給兒子。

高澄繼位後，照既定方針辦，給慕容紹宗高官厚祿，落人情的自然是兒子。慕容紹宗感謝的是高澄，順理成章兒子唱的是白臉。這是父子搭檔、黑白臉相契、成就大事之例。

有許多欺軟怕硬的人，對待他們要軟硬兼施。一味地軟無異於縱人欺侮，總是硬又會招致對立，處處樹敵。如果能用硬壓住對方囂張氣焰，用軟取得同情，給人面子，便會讓對方有順水推舟的心理。和你敵對不會有什麼好結果，而你又給他留足了餘地，他何樂而不為之呢？對待這類人，如果一開始就軟，他必然認為你好欺負，而對你更加強硬；如果你硬到底，他就下不了台，來個「死豬不怕開水燙」，你也沒辦法。最有效的辦法就是軟硬兼施。關於先硬還是先軟，則因事、因時、因人而異。

厚黑有理

生氣發火，動怒洩憤，在人際交往中是一大忌。尤其是在長輩面前，晚輩們更要注意自己的一言一語，萬萬不可失晚輩之禮。但有時會遇到某些或有恃無恐或刁蠻耍橫的賣老之人，一味地迴避退讓忍辱負重，反而會使對方認為你軟弱可欺而得寸進尺。

04 處世不要太較真

許多時候，我們在做著自己並不想做的事，說著自己並不想說的話，甚至還很認真。因為懾於壓力，礙於禮儀，拘於制度，限於條件，我們進了不想進的門，陪了不想陪的客人，送了不想送的禮，笑了不想笑的笑，這樣的情況經常有。

人都想自由自在，都想隨心所欲，但是，世界從來不是看著你的眼色行事的，相反的，我們每個人都是在被動地做一些自己不想做的事。因為，我們不僅有自身還有環境，不僅有現在還有未來，不僅追求現實自我還在追求安全，友愛和形象。奉獻出自己的一部分心願換取平靜、換取尊嚴、換取良好的環境還是十分必要的，儘管你對這種自我背棄並不是很樂意。

當然，並不是所有違心都有痛苦，弄巧時也可以是人生一面風光。如果你的主管十分喜歡聽好話，偏偏你又不得不指正一下他的差錯，這時你開門見山直言要害當然既省時間也符合你痛快為人的個性，但是，那樣無論是對公司還是對本人都將很糟。如果你試著先講講上司的成績，再講出存在的問題和解決方法，儘管那些優點是勉強的，有些還不單屬於他一個人的，然而，卻可能使主管即改了差錯又讓他另眼看你，這不是兩全其美嗎？

就是我們自身，出於片面和執迷，也並不是處處都在為自己著想，給自己設路障、捅婁子的事也常有，違著自己的心願接受一下旁觀者的建議和指導，也可能別有風光。

這個世界上，我們不僅要自己高興，同時也要大夥高興，世界如果因為你的服從和委屈而有了風光，也不會少了你那一份。當然，這風光也不會無限。如果你處處由別人支配，事事處於無我狀態，把自己規範成一缽盆景，只要別人喜歡，別人滿意，自己扭曲成怎麼奇怎麼怪都可以，那就怎麼也風光不起來了。

我們生活在社會中，社會的環境、制度、禮儀、習俗無不作用並制約著你。隨著社會文明的深化，人際的縱向聯絡會日趨淡漠，但橫向的聯繫只會加強。如果你在交際中沒有妥協、忍讓和遷就的準備，那只能處於四面楚歌之中，縱使你有三頭六臂，也牽制得你疲憊不堪而無法前進。所以，雖然妥協、錢就都有「不得不」的那種心態，但仍不失為人際交往的「潤滑劑」。

幾乎每個人都對自己的能力、智力和貢獻作著偏高的估計，為了保護這種偏高帶來的進取心和期望值，我們，特別是主管都應當多看他人的優點，少說他人的缺憾。當然，這一多一少，無疑偏離了真實，顯然也有了違心的成分。但是，這確實是促成並發展企業凝聚力和激發員工熱情的成功經驗。

只要優點是存在的，都應該挖掘；只要缺憾無損大體或者可透過暗示而改正的，都應該避諱。其實，為了群體和未來我們都有過獻身和忍受；為了增強實現目標的合作我們都不應以自己為中心；為了避免更大的損失都有過委曲求全；為了爭取人心甚至我們都有過「這樣想卻那樣做」的經歷，都曾扮演過「兩面派」。為了融洽和順利，適當的違心應當允許。

厚黑有理

違心，有自我壓抑，也有融合群體的親和力，可以是軟弱者的自保也可以是奸詐人的煙霧。它就像一杯白開水，可以放糖漿，可以放檸檬，放橙汁，也可以放毒藥！

如何讓違心違在情分上，又符合天理良心，正是我們必須悟出的答案。

Part

3.

大巧若拙，低調做人

01 裝裝糊塗，萬事皆可達

清代著名畫家鄭板橋有一句名言叫「難得糊塗」，是指在官場上做事的艱難、曲折與苦衷。但是，這句話同樣適用於立身處世面厚心黑，就是善於不糊塗裝糊塗，得過且過，矇混過去就算了。在平常處世交往中有些事情伸縮性大，變通性強，問題的真相本身也不甚了了，這時你就可以用這種辦法來對付。

厚黑學認為，這種方法的具體運用，大體有兩個方面：一個是「閃爍其詞法」；一個就是「答非所問法」。也就是說，現實生活中，人們在進行言辭交往時，經常會碰到一些自己不能回答或不便回答的問題。對此，又不好拒而不答。這時，只有想方法的閃避一下才是上策。

在厚黑學看來，一般情況下，當你採用了閃避迴旋的策略後，別人就不會不知趣地窮追不捨了。這種方法就是從立身處世面厚心黑角度出發的，它的要求是對別人所問，應當回答，但答要答得巧妙，明明知道對方的真實目的，但有意迂迴地達到閃躲、迴避別人問話的目的。既要讓別人不致難堪下不了台，又要維護自己不便回答的原則。

東漢末年，曹操逼得劉備幾無立錐之地，又陳兵長江，率百萬雄師，迫孫權臣服。東吳抵抗的重任，落在周瑜的肩上。

然而，東吳五、六萬兵，要和百萬雄師對抗，無異螳臂擋車，蚍蜉撼樹，不要說進攻，連防守都十分困難。在這樣的時候，如果再不爭取主動，東吳肯定被曹操碾碎。周瑜知道北軍都是旱鴨子，不善水戰，就想先除掉曹操的水軍都督蔡瑁、張允。這兩人原是劉表部下歸降曹操的，周瑜知道這是一個突破口，卻無計可施。一日，他正在帳中議事，聞報同學蔣幹來訪，便笑對諸將說：「曹操的說客到了。」此時靈光一閃，計上心來，吩咐各將領如此如此，這般這般，各將領命而去。

周瑜出迎，一見蔣幹便問：「子翼（蔣幹的字），隔江來訪，是不是來做說客，勸我投降曹操？」

蔣幹愕然，但他也是個聰明人，隨即答道：「什麼？你太多疑了，你我同學一場，離別太久，特來敘舊罷了，為什麼懷疑我來當說客呢？」

周瑜笑答：「聞弦歌而知雅意，在這個緊急關頭——」

蔣幹憤然作色，說：「你待同學這樣疑心，那麼再見吧！」

周瑜立即挽住蔣幹的胳膊，笑說：「不過說句笑話罷了，老友嘛，客氣什麼？既然老兄不是來做說客，不妨住在這裡玩幾天，敘敘舊情。」

就不由分說，把蔣幹請入帳去，傳令文武各官與蔣幹見面，大擺宴席，又故意對各將士說：「蔣先生雖從江北來，卻不是曹操的說客，各位不要見疑！」說完，把佩劍交給太史慈，說：「你拿著我的劍作監酒。今天宴飲，只敘舊情，或談詩詞歌賦，如有提起曹操和本國軍情者，可即席處斬！」

面對這先發制人的做法，蔣幹驚愕，卻不好也不敢說什麼。周瑜又說：「我自領軍以來，從沒有飲過酒，今日得見老同學，不醉不歸！」

接著就是頻頻舉杯，不亦樂乎。

大家都有點醉意了，周瑜拉著蔣幹的手，在帳外漫步。

周瑜問：「你看我的將士英勇嗎？」

蔣幹答：「果真名不虛傳，強將手下無弱兵啊！」

又到帳後，見糧草積如丘山。周瑜問：「你看軍糧充足否？」蔣幹忙應：「果然兵精糧足，你真不愧文武全才！」

周瑜佯醉狂笑：「想我周瑜當年和你同學之時，做夢也想不到會有今日呢！」

「那是必然，以兄之才，實在不為過分！」

「大丈夫處世，有這樣的際遇，死而無憾！遇知己之主，名雖君臣，情同骨肉，言必聽，計必從，禍福相依，甘苦共嘗，縱使蘇秦張儀再生，也不會使我改變主意了！」這明明是一種暗示，嚇得蔣幹面如土色。

兩人回帳復飲，直到夜深，盡興而散。

周瑜裝作大醉，挽住蔣幹，說：「今晚要聯床夜話，說個痛快！」

兩人同床異夢，各懷鬼胎，卻都裝作爛醉。

二更已過，蔣幹心懷鬼胎，如何睡得著？起身一看，殘燈尚明，周瑜鼾聲如雷，蔣幹看見桌子上有一疊公文，躡手躡腳走過去一看，都是來往書信，內有一封寫著張允、蔡瑁謹封，急取觀之：「某等降曹，實迫於形勢。今已賺北軍困於寨中，一有機會，就將曹賊的頭顱，獻於將軍……」

蔣幹暗驚，忙將信藏在身上。

那邊周瑜翻了個身，蔣幹忙吹熄蠟燭，潛步回到床邊，聽到周瑜在說夢話：「子翼！這幾天之內，我要把曹賊的頭顱拿給你看！」「唔！」蔣幹忙應。

「真的，子翼，我、我要你看他的腦袋。」

「什麼？」蔣幹問他，那邊又鼾聲如雷了。蔣幹裝睡。

已是四更了，聽得有人走進帳來，低聲喚「都督」！

「唔！」周瑜被搖醒了，矇矓中問：「床上睡著的是誰？」「這是都督的同學蔣先生呀，怎麼忘卻了呢？」

那人答。「唉，糟糕！我平日未嘗飲酒，這次酒後會失事，不知道說過什麼沒有。」

「江北有人來了！」

「噓，」周瑜忙制止了。叫，「子翼！子翼！」蔣幹裝睡。

周瑜走到帳外，那人對周瑜說：「張、蔡二都督叫我來報，近日防範甚嚴，一時不能下手……」下面的話更低，聽不清楚。不一會兒，周瑜潛回，又叫蔣幹，蔣幹不應。周瑜又上床睡起來。

到了五更，蔣幹低喚周瑜，當然沒有應答，當即帶了小廝，忙忙趕回去了。

蔣幹把信拿給曹操一看，曹操大怒，當即把蔡、張二人斬了。

接著，周瑜又使用了一系列計謀，一把火燒得曹軍焦頭爛額，敗回老巢。曹操元氣大傷，再無南進之力，三國對峙格局，就基本上形成了。

對於自信心十足，甚至有些自負的人，不要直接談到他的計劃，可以提供類似的例子，暗中提醒他。

要阻止對方進行危及大眾的事情時，須以影響名聲為理由來勸阻，並且暗示他這樣做對他本身的利益也有害。

想要稱讚對方時，要以別人為例子，間接稱讚他；想要勸諫對方時，也應以類似的方法，間接進行勸阻。

對方如果是頗有自信的人，就不要對他的能力加以批評；對於自認有果斷力的人，不要指責他所做的錯誤判斷，以免對方惱羞成怒；對於自誇計謀巧妙的人，不要點破他的破綻，以免對方痛苦難過。

說話時考慮對方的立場，在避免刺激對方的情況下發表個人的學識和辯才，對方就會比較高興地接受你的意見。

不用多說大家也會知道，以上的進諫方法，適合於下級對上級，也可以適用於一般的人際關係。如果能夠站在對方的立場，替他考慮分析的話，那麼你就可以真正取得對方的信任。

齊國一位名叫陳斯彌的官員，其住宅正巧和齊國權貴田常的官邸相鄰。田常為人深具野心，後來欺君叛國，挾持君王，自任宰相執掌大權。陳斯彌雖然懷疑田常居心叵測，不過依然保持常態，絲毫不露聲色。

一天，陳斯彌前往田常府邸進行禮節性的拜訪，以表示敬意。田常依照常禮接待他之後，破例帶他到邸中的高樓上觀賞風光。陳斯彌站在高樓上向四面瞧望，東、西、北三面的景致都能夠一覽無餘，唯獨南面視線被陳斯彌院中的大樹所阻礙，於是陳斯彌明白了田常帶他上高樓的用意。陳斯彌回到家中，立刻命人砍掉那棵阻礙視線的大樹。正當工人開始砍伐大樹的時候，陳斯彌突然又命令工人立刻停止砍樹。家人感覺奇怪，於是請問究竟。

陳斯彌回答道：「俗話說『知淵中魚者不祥』意思就是能看透別人的祕密，並不是好事。現在田常正在圖謀大事，就怕別人看穿他的意圖，如果我按照田常的暗示，砍掉那棵樹，只會讓田常感覺我機智過人，對我自身的安危有害而無益。不砍樹的話，他頂多對我有些埋怨，嫌我不能善解人意，但還不致招來殺身大禍，所以，我還是裝著不明不白，以求保全性命。」

當一個人看透對方心意後，要決定採取何種行動，是相當困難的，其困難的程度或許更甚於透視對方心意，所以做人的手段，當以明白自己該怎麼做為第一大要，否則就會糊塗行事，不但辦不成事，而且還會增添更多的麻煩。

按照成功學的原理，為人處世必須牢記「明白」二字，才能明察秋毫，判斷是非。否則眼前就會被「迷霧」籠罩。

厚黑有理

現代的人心透視術也正要注意此點，不要讓對方發覺你已經知道了他的祕密，否則就完全失去了透視人心的意義。不過，如果故意要使對方知道你能看穿他心意的話，當然就不在此限之內。

辛苦得到的透視人心的武器，究竟應該如何運用？這要視各人的立場來決定。例如：對方自以為得意的事情，我們要儘量加以讚揚；對方有可恥之事的時候，要忘掉不提；當對方因為怕被別人議論為自私而不敢放手去做的時候，應該給他冠上一個大義名分，使他具有信心放手去做。

能透視對方的內心，只不過使你得到一種利器罷了，更重要的是，你要如何使用抓在手中的這把利器？如果不懂得使用的方法，只知道手拿利器亂揮亂舞，不但無法擊中別人，相反，還很有可能傷害到自己，因此切勿亂用這把容易傷人的利器。

02 鋒芒畢露易惹禍端

槍打出頭鳥是自然而然的事嗎？在客觀世界中，類似的事情很多，只是人們已經司空見慣罷了。

在社會生活中，這類事情也是屢見不鮮。我們在工作、學習中或多或少地都會遇到「槍打出頭鳥」的狀況，恐怕有時自己也都是受害者。君不見，有的人工作成績突出受到上級的表揚獎勵。這本來是一件好事，上級表揚和肯定一個人的工作是要引導大家向他學習。但事與願違，這種表揚獎勵往往搞得這個人很尷尬。風言風語、冷嘲熱諷會隨之而來，甚至有人還會顛倒黑白向受表揚的人施放冷箭、潑冷水。搞得誰也不願意再出頭，只能是得過且過了。

嫉賢妒才，幾乎是人的本性。願意別人比自己強的人並不多，所以有才能的人會遭受更多的不幸和磨難。木秀於林，風必摧之。

古人稱：「鶴立雞群，可謂超然無侶矣，然進而觀於大海之鵬，則渺然自小，又進而求之九霄之風，則巍乎莫及。」山外有山，人外有人，在做學問做官時，只要以「謙」字鋪路，你就會在人際關係上做到遊刃有餘，將來才會對自己、對社會盡到責任，才會有所作為、有所成功。而妄言輕人即使才華橫溢也難以成就大業。

中國古語稱：「美好者，不祥之器。」意思是事物過於完善美好了，必定會帶來毀滅的結果。古人曾反覆告誡世人，要防別人嫉妒之心，無論求名求利都不能太完美，這才是立身之本。在這一方面，唐朝的名臣李義琰就是榜樣。

李義琰曾為唐朝宰相，他的住所沒有像樣的房舍，他的弟弟為他買了建房的木料。李義琰知道這件事後，對弟弟說：「讓我擔任國家的宰相，我已經感到非常慚愧，怎麼可以再建造好的房舍，從而加速罪過和禍害的到來呢！」

其弟說：「凡是擔任地方丞、尉官職的，尚且擴建住宅房舍，你位居宰相，地位這麼高，怎麼可以住在這樣狹小低下的宅舍中呢？」

李義琰回答：「人們希望中的事情很難完全實現；兩件事物不可能同時光盛。已經處在顯貴的官位，又要擴展自己的居室宅舍，如果不是有美好的品行，必然遭到禍害。」

他最終沒有答應建房。後來，木料也腐朽了，只好扔掉。房子雖然沒蓋成，但謙遜的美德已經養成了，自己的地位也穩固了，這樣的策略當然更高明。

同樣地，曾國藩也懂得這一點，在家中更以簡樸而著稱，妻子和兒媳雖貴處於相府之尊，仍然紡織勞作，這不是模仿李義琰的所為嗎？曾國藩之所以以「謙」為立身之本，還有一層深意，那就是為了提防朝中的政敵借題發揮，使自己在如日中天之時被人抓住把柄，槍打出頭鳥，因小失大。而在這一方面，古代可是有例在先的。

大凡君主和統治者沒有誰希望自己的下屬高明過自己的，而鋒芒畢露之人就不免要為自己的下場負責了。

三國時的楊修就是如此。楊修才華橫溢，思維敏捷，有一次，曹操曾建造一園，建成後，曹操去看時沒有發表任何意見，只揮筆在門上寫了一個大大的「活」字，眾人不解，只有楊修說：「門裡添個『活』字，就是『闊』了，丞相嫌這園門太闊了。」眾人這才恍然大悟，工匠趕緊翻修。

曹操非常高興，但是當他得知是楊修把他的意思「翻譯」出來時，嘴上不說，心裡卻已經開始妒忌楊修了。

又有一次，塞北送給曹操一盒酥餅，曹操在盒上寫了「一盒酥」三字便放在一邊。楊修看見後，竟招呼眾人把這一盒酥分吃了。

曹操知道後便問為何這樣，楊修回答說：「您明明寫著『一人一口酥』，我們怎敢違抗您的命令呢。」曹操心中更加妒忌楊修了。

後來，劉備攻打漢中，曹操親率四十萬大軍迎戰，於漢水對峙日久，曹軍進退兩難。

一日，廚師端來雞湯，曹操正若有所思，見碗底雞肋，心有所感。這時夏侯入帳請教夜間號令，曹操順口說：「雞肋！」

於是，「雞肋！雞肋！」的軍令便在軍中傳開了。

楊修聽到這個號令後，便命軍士收拾行裝、準備撤退。

夏侯聞訊一驚，忙把楊修請到自己帳中詢問，楊修說：「雞肋者，食之無肉，棄之不捨。今進不能勝，退恐人笑，在此無益，來日魏王必班師矣。」

夏侯仔細一想，覺得很有道理，也命令軍士打點行裝。

曹操聞訊，不由暗嘆楊修的心計，殺楊修之心更甚，於是以擾亂軍心的罪名將楊修斬了。

曾國藩深通文韜武略，也深知功名靠不住其害無窮。所以他「以出世的精神，做入世的事業」，不把功名放在心上，成為中國近代少有的「內聖外王」的典範。他反覆囑咐兒子曾紀澤要謹慎行事，甚至不讓大門外掛相府、侯府這樣炫耀的匾額。

很多位居高官的人或者尸位素餐，或者請求致仕，主要就是收斂鋒芒，低調做人，以免成為眾矢之的啊！所以古人說：「露才是士君子大病痛，尤莫甚於飾才。露者，不藏其所有也。飾者，虛剽其所無也。」人的名氣一大，流言便會滿天飛，稍有不慎，必將惹下大禍。在名利場中，要防止盛極而衰的奇災大禍，必須牢記「持盈履滿，君子競競」的教誡。

「欹器以滿覆，撲滿以空全」，這是世人常用的一句自警語。欹器是古人裝水的一種巧器，呈漏斗狀，水裝了一半它很穩當，但裝滿了，它就會傾倒。撲滿是盛錢的陶罐，它只有空空如也，才能避免為取其錢而被打破的命運。

中國人的傳統觀念是：居官要時時自惕，時時處處謹慎，切勿不留餘地。越是處權勢之中，享富貴之極，越是要不顯赫赫奕奕的氣派，收斂鋒芒，以保退路。在官場熱鬧處要能留一雙冷眼，避免無形中的殺機。

「人不知而不慍，不亦君子乎！」可見人不知我，心裡老大不高興，這是人之常情。尤其是年輕人，總是希望在最短時間內使人家知道你是個不平凡的人。想讓全世界都知道，當然不可能，使全國人都知道，還是不可能，使一個地方的人都知道，也仍然不可能，那麼至少要使一個團體的人都知道吧！要使他人知道自己，當然先要引起大家的注意，要引起大家的注意，只有從言語行動方面著手，於是便容易露出言語鋒芒，行動鋒芒。

鋒芒是刺激大家的最有效方法，但若細細看看周圍的同事，若是處世已有歷史、已有經驗的同事，他們卻與你完全相反。和光同塵、毫無棱角，言語發此，行動亦然。個個深藏不露，好像他們都是庸才，誰知他們的才能頗有位於你上者；好像個個都很訥言，誰知其中頗有善辯者；好像個個都無大志，誰知頗有雄才大略而願久居人下者。但是他們卻不肯在言語上露鋒芒，不肯在行動上露鋒芒，這是什麼道理？因為他們有所顧忌。

言語鋒芒，便要得罪人，被得罪的人會成為你的阻力，成為你的破壞者；行動鋒芒，便要惹人妒忌，妒忌你的人也會成為你的阻力，成為你的破壞者。你的四周，都是你的阻力和你的破壞者，在這種情形下，你的立足點都沒有了，哪裡還能實現你揚名立身的目的？

年輕人往往樹敵太多，與同事不能水乳交融地相處，就是因為言語鋒芒的緣故。言語所以鋒芒，行動所以鋒芒，是急於求知於人的緣故。處世已有歷史和有經驗的同事，之所以「以靦合歡」，也是因為曾受過這種教訓。

陳先生在年輕時代以兼有三種特長而自負，筆頭寫得過人，舌頭說得過人，拳頭打得過人。在學校讀書時，已是一員狠將，不怕同學，不怕師長，以為他們都不及他人。初入社會，還是這樣的驕傲自負，結果得罪了許多人。不過他覺悟很快，一經好友提醒，便連忙負荊請罪，倒是消除了不少的嫌怨，但是無心之過仍然難免，結果終究還是遭受了挫折。

俗語說，久病成良醫，他在受足了痛苦的教訓後，才知道言行鋒芒太露，就是自己為自己前途所安排的荊棘。

有人為了避免再犯無心之過，就故意效法金人之三緘其口，即使不開口，也要多方審慎。雖然「矯枉者必過其正」，但是要掩蓋先天的缺點，就不能不如此。因此若聽見旁人說你世故人情太熟，做事過分小心，不但不要見怪，反而要感到高興才是。

當然也許有人會說，採用這樣的辦法不是永遠無人知道嗎？

其實只要一有表現本領的機會，你把握這個機會，做出過人的成績來，大家自然就會知道。

這種表現本領的機會，不怕沒有，只怕把握不牢，只怕做的成績不能使人特別滿意。你已有真實的本領，就要留意表現的機會，沒有真實的本領，就要趕快從事準備。

厚黑有理

《易經》上說：「君子藏器於身，待時而動。」無此器最難，有此器不患無此時。鋒芒對於你，只有害處，不會有益處，額上生角，必觸傷別人，你自己不把角磨平，別人必將力折你的角，角一旦被折，其傷害更多，而鋒芒就是人額頭上的角啊！

一個人事業有成、春風得意，難免鋒芒畢露。若不知收斂，一味賣弄乖巧，耍小聰明，甚至逞強鬥勇，定會傷及上下左右，招致詆毀誹謗，最終落個聰明反被聰明誤的下場。如果糊塗一點，大智若愚，藏巧於拙，如孫臏裝瘋賣傻、司馬懿裝傻充呆，不僅保全了身家性命，而且也為最後取得勝利奠定了基礎。因此，韜光養晦，來點糊塗，未嘗不是明哲保身之道。

03

厚積人氣，不輕易得罪人

做事的基本原則應該是不可過多樹敵，更不可過多得罪別人，這樣你的朋友就會增多，你的敵人就會減少。

古人早在《鬱離子》中就曾經指出，處世之法不宜樹敵太多，因為樹敵太多會觸犯眾怒。中國傳統上認為「多個朋友多一條路，少一個朋友添一堵牆」，自古自恃才高氣傲之人常犯這類錯誤，最後都會導致失敗。

戰國時期，齊國大夫夷射，在接受國王的宴飲後，酒醉飯飽而出。此時擔任王宮守門的小吏請求說：「給我一點兒酒喝吧。」

夷射斥責說：「一個下賤的守門人也想飲用國王的美酒嗎？滾開。」夷射走遠後，小吏在門前，將碗裡的水潑在郎門的接水槽中，類似小便的樣子。天明以後，齊王出來對小吏呵責說：「昨天晚上，是誰在此處小便！」小吏回答說：「夷射，在這地方站立過。」齊王大怒，因此誅殺了夷射。

一個卑賤的守門人因為被大臣所污辱，竟然設計要了大臣的命，由此可見結怨的害處。古人正是看到結怨的害處，才警示人們不可輕易得罪人。

香港巨富胡金輝在介紹他的成長時，曾告誡人們說：「處世方面，另外有一點，我覺得很重要的就是千萬不要得罪人！越有地位，越不應該得罪人，寧願得罪自己好過一些。」

美國總統林肯以偉大的業績和完美的人格獲得了人們的衷心敬仰，他的許多事蹟世代被人們傳誦。但他在成長道路上也曾因為愛得罪人而經歷了不少的坎坷。

林肯年輕時，住在印第安那州的一個小鎮上，不僅專找別人的缺點，也愛寫信嘲弄別人，且故意丟棄在路旁，讓人拾起來看，這使得厭惡他的人越來越多。後來他到了春田市，當了律師，仍然不時在報上發表文章為難他的反對者。

有一回做得太過分了，把自己逼入困境。

一九四二年秋天，林肯嘲笑一位虛榮心很強又自大好鬥的愛爾蘭籍政治家傑姆士・休斯。他匿名寫的諷刺文章在春田市報紙上公開以後，市民們引為笑談，惹得一向好強的休斯大發雷霆，打聽出作者的姓名後，立刻騎馬趕到林肯的住處，要求決鬥。林肯雖然不贊成，卻也無法拒絕。

身高手長的林肯選擇了騎馬用劍，請求陸軍學校畢業的學生教授他劍法，以應付密西西比河沙灘的決鬥。後來在雙方監護人的排解下，決鬥風波才告平息。

這件事給林肯一個很深的教訓，他認識到批評別人、斥責別人甚至誹謗別人的事是最愚蠢的人才會做的，而一個具有優秀品質並能克己的人，常常是揚棄惡意而使用愛心的人。林肯從此改變了自己對人刻薄的做法，以博大的胸懷贏得了民心，林肯的教訓及成功是值得我們仔細體會的。

美國前副總統安格紐以失言出名。他曾激烈指責新聞界的是非，說：「老是作反政府言論的大眾傳播物，簡直是叛徒。」這句話在新聞界傳播後，引起了極大風波，招致了新聞界的合力圍攻，即使他要收回這句話，也已經太晚了。

後來時代雜誌的哥拉姆斯特分析說，這只怪安格紐用錯了一個字，如果把mass media（大眾傳播物）的複數形換作單數形，就不會有什麼風波了。這是因為以複數代替單數等於指責了所有新聞廣播界，觸犯了眾怒。所以，如果我們要表示指責或批評時，應儘量採取「有的人」「個別人」這樣的單數稱謂，不要由此而招來大家的怨恨。

厚黑有理

減少眾怒的另一種方法是利用言語的歧義開脫一部分被攻擊者，這樣有利於減少眾怒。在這一方面，馬克・吐溫的策略是較為成功的。

幽默大師、美國著名作家馬克・吐溫有一次對人民發表了演說。在演說中，他義憤填膺地說：「美國國會中有些議員是狗婊子養的！」

這樣的一句，引起了美國國會議員們的鼓譟，說是人身攻擊，一定要馬克・吐溫道歉。

後來，馬克・吐溫就在報上登了一則《道歉啟事》：「美國國會議員中有些議員不是狗婊子養的！」那些吵鬧的議員終於無話可說。

由於馬克・吐溫巧用辭彙，以減少眾怒，因而使得當時激起的國會議會風潮得以平息。

04 甘居一人之下

幾年前看過一篇工商人物的專訪，受訪者是一位電腦業的老闆，這位老闆提到他的企業與另一家孰大孰小的問題。他說他不想去跟那一家比，也不必去跟他比。他強調他採取的是「老二政策」。

他說，當「老大」不容易，因為不論研發、行銷、人員、設備，都要比別人強。為了怕被別的公司超越，便不斷地擴充、投資。換句話說，要花很大力氣來維持老大的地位！他說，這樣太辛苦了，而且萬一沒弄好，不但老大當不成，甚至連當老二都不可得。

這只是他個人的想法，因為並不是當老大就一定會很辛苦，有人就當得輕鬆愉快，因此當老大或老二還是老三完全是觀念問題！

不過這位老闆所說的卻也是事實——當「老大」的，要費很大力氣來維持「老大」的地位！不只從事企業是如此，上班族拿薪水也是如此。

主管是一個部門的「老大」，該老大為了保住他的位子，不但要好好帶領手下，還要和上級長官搞好關係，以免位子不保；有功時，主管當然功勞第一，但有過時，主管當然也是首當其衝，但當副主管的就沒這麼多麻煩，表面上看來他不如主管風光神氣，但因為上有主管遮風避雨，可省下很多辛苦，所以很多人寧可當副手而不願當主管。當副手時沒事，一當主管就生病，可見當「老大」的難處。

這麼說，並不是不要你去當老大。如果你有當老大的本事，也有當老大的興趣和機會，那麼就去當吧！但如果你自認能力有限，個性懶散，那麼就算有機會，也不要去當老大，因為當得好則好，沒當好一下子變成老三、老四，不但對自己是個打擊，在現實的社會裡，更會招來批評：「某某人不行」、「某某人下台了，聽說很慘」……這些批評對你都是不利的。

中國人一向扶旺不扶衰，你一從「老大」位子摔下來，落井下石的有，打落水狗的有，於是本來還可當老二的，卻連當老三、老四都成問題了。

如果你事事都想極力表現自己，爭做老大，註定不會有好的結局。看看下面這個故事就知道了：丟工作是因為「表現太好」。

小范畢業於某大學金融專業，畢業之後到一家國營大型企業擔任銷售助理一職，試用期六個月。

小范畢業以後和這家企業簽訂了試用期合同，銷售助理這個職位讓他覺得能夠完全發揮自己的能力。在業務方面，小范表現得十分出色，一次業務談判連老總都對他刮目相看。但令人意外的是，六個月試用期結束時，公司人事部門卻委婉地告訴他：「假期結束後，你不用來公司報到了。」

「現在想想，可能是我表現太好了，有些人際關係的問題沒有注意，反而丟了工作。」丟掉工作後的小范向朋友說起這件事時只能苦笑。

當時，通過層層面試進入公司，小范自然想好好表現，但是過猶不及。事後才知道，單位主管和同事對他的能力沒有任何疑義，但是對於他的綜合表現給予了四個字—「鋒芒太露」。過於希望嶄露頭角，不注意處理人際關係，對於前輩同事也不夠尊重，這些都是小范的致命傷。更讓主管和同事難以接受的是，對於他們的一些錯誤，以及公司某些制度上的不健全，小范都會毫不保留地提出，絲毫不注意情面。

對於自己的意外出局，小范無奈地表示，可能自己對社會關係怎樣處理還不是很明白，想把事情做好結果卻適得其反。「就拿那次談判來說，我確實完成得很出色，但是後來覺得有些越俎代庖了。其實我只不過是個銷售助理，很多事情還是應該讓銷售經理來處理和決定。這點我當時沒有意識到。後來老總表揚了我，反而讓我們經理臉上難看了。」雖然滿肚子委屈，但小范也無可奈何，只得接受這個事實。

經營企業也是如此，「龍頭老大」的位子一旦不保，就會給人「某某公司倒了」的印象，於是兵敗如山倒。力挽狂瀾？恐怕沒有那麼容易！

「老大」之路，真是一條不歸路啊！所以，當「老二」的確也有其實際的地方，這也就是許多人寧當「老二」不當「老大」的原因。

其實當「老二」還有其他的好處，靜看「老大」如何構築、鞏固、維持他的地位，他的成功與失敗，都可作為你的經驗和指標；可趁此機會培養自己的實力，以迎接當「老大」的機會（假如你有當「老大」的意願的話）；因為志不在「老大」，所以就不會太急切，造成得失心太重，不會勉強自己去做力不能及的事情，反而能保全自己，也會降低失敗的機率。因此，做事或經營企業，從老二、老三或老五做起都沒關係，就是先不要當「老大」！

有一段童謠唱道：「老大屁股大，褲子穿不下。」當「老大」，麻煩真的很多哩！如能好好地當「老二」，當主客觀形勢形成，自然就會變成「老大」。這個時候的老大，才是真正的「老大」。

會做「老二」並非真的是甘居人後，而是可以從做「老二」中嘗到更多的甜頭，從而使自己的創業在一開始就可以「搭便車」獲得利潤。

台灣企業的經營管理的概念中，有一種叫「老二哲學」的說法，就是不做第一，不做第三，而只是緊緊跟在排名第一的後面做老二，瞄準機會再衝刺第一。或許是暫時不願做「出頭鳥」，或許是想掛在後面搭個便車，但最終是沒有一家會甘居第二的，「老二」也只是個過渡。創業者在創業之初，要學會做「老二」。

厚黑有理

做人也好，經營企業也好，不要一心只想做老大，槍打出頭鳥，所以，不妨低調一些，做一下老二，也許會是另外一番天地。

不管是在職場，還是在生活中，都要學會掩其鋒芒，低調做人，學會深沉，學會深藏不露，做老二，不做老大。這樣，人生的道路才會少一些嫉妒的目光，少一些故意的陷害，才會多一些順利，多一些和諧。

Part 4.

與人爲善，大厚無形

01 心胸廣闊，寬容爲本

在現實生活中，不如意的事情太多了。如果一個人不能有比較開闊的眼界，不能心平氣和地看問題，他就會陷入某種心結，而這種小心眼會導致一個人急火攻心。所以，古人才有「宰相肚裡能撐船」之勸。厚黑學認為，心胸的狹窄，往往會置人於促狹昏暗之中，擺脫不了某種其實無所謂的事情的糾纏。這樣會使你整天消耗在無益的小事情上，鬱鬱不可終日。

古時候，有個年近古稀的老宰相，娶了個名叫彩玉的小媳婦。彩玉年方二十九，長得如花似玉。自從嫁給這位老宰相，雖說有享不盡的榮華富貴，可是她總是悶悶不樂，暗暗埋怨父母不該把她嫁給一個老頭子。

一天，彩玉獨自到後花園賞花散步，碰上了住在花園旁邊年輕帥氣的家廚。這位趙姓家廚做得一手好吃的祖傳聖旨骨酥魚，在古代，沒有延緩衰老、養顏美容類的藥品、保健品，達官貴人的家眷養顏美容全靠食療，聖旨骨酥魚不僅骨刺全酥，想要怎麼吃就能怎麼吃，而且聖旨骨酥魚汁是保持年輕貌美的極品，且獲得過十二道聖旨的諭封。彩玉和年輕的家廚相談甚歡並因此一見鍾情。從那以後，彩玉常常偷偷地到後花園裡同趙姓家廚相會。有一回，彩玉對趙廚說：「你我花園相會，好時光總讓人覺得纏綿難分。我有一計，可使咱倆天天都在一起相處。」趙廚問什麼妙計，彩玉就如此這般地說出了自己的主意。

原來，老宰相恐怕誤了早朝，專門養了一隻「朝鳥」。這鳥天天五更頭就叫，老宰相聽到鳥叫，就起身上朝。彩玉讓趙廚四更前就來用竹竿捅朝鳥讓它提前叫，等老頭子一走，他倆就可團聚了。

這天，老宰相聽到朝鳥的叫聲，連忙起身。等來到朝房門外，剛好鼓打四更。他想，這鳥怎麼叫得不準了！就轉身回了家。當他走到自家的房門外，聽到彩玉說：「以後早點來捅一下朝鳥。」停了一會兒又說：「你真像你做的聖旨骨酥魚，雖然我每天吃，但還是天天吃不夠，在我心裡你新鮮得就如一枝花。」趙廚說：「你活像粉團，卻配了一塊老薑。」宰相聽到這裡，氣得渾身發抖，但並沒有聲張，又上朝去了。

第二天正是中秋佳節，老宰相有意把彩玉和趙廚叫在一起，在後花園牡丹亭中吃酒賞月。酒過三巡，月到中天，老宰相捋了捋鬍子說：「今晚咱賞月作詩，我先作，你倆也要接我的詩意諂上幾句。」說罷就高聲吟道：「中秋之夜月當空，朝鳥不叫竹竿捅。花枝落到粉團上，老薑躲在門外聽。」

趙廚一聽，自知露了餡，趕忙跪在桌前，說：「八月中秋月兒圓，小廚知罪跪桌前，大人不把小人怪，宰相肚裡能撐船。」

彩玉見事情已經挑明，也連忙跪倒在地，說：「中秋良宵月偏西，十八妙齡伴古稀。相爺若肯抬貴手，粉團剛好配花枝。」

老宰相聽了哈哈大笑說：「花枝粉團既相宜，遠離相府成夫妻。兩情若是久長時，莫忘聖旨骨酥魚。」

彩玉和趙廚聽了，連忙叩頭謝恩。從此，「宰相肚裡能撐船」這個典故和聖旨骨酥魚慢慢在民間開始流傳。

這位宰相的寬容與忍讓成全了一段佳緣，這難道不是忍讓之美嗎？

「大肚能容，容天下難容之事；開口便笑，笑世上可笑之人」。凡有彌勒佛的寺廟裡，我們經常可以見到這副對聯。這副對聯是講度量的，人能達到能容天下萬事萬物的度量，其思想便是進入「禪」的高層境界了。度量，是對他人長處、短處和過錯的一種包容。度量大，能得人心、能團結人、給納眾謀，以成其強大，對創造和諧的工作環境十分有益。

班超一行在西域聯絡了很多國家與漢朝和好，但龜茲恃強不從。

班超便去結交烏孫國。烏孫國國王派使者到長安來訪問，受到漢朝友好的接待。使者告別返回，漢章帝派衛侯李邑攜帶不少禮品同行護送。

李邑等人經天山南麓來到于闐，傳來龜茲攻打疏勒的消息。李邑害怕，不敢前進，於是上書朝廷，中傷班超只顧在外享福，擁妻抱子，不思中原，還說班超聯絡烏孫，牽制龜茲的計劃根本行不通。

班超知道了李邑從中作梗，嘆息說：「我不是曾參，被人家說了壞話，恐怕難免見疑。」他便給朝廷上書申明情由。

漢章帝相信班超的忠誠，下詔責備李邑說：「即使班超擁妻抱子，不思中原，難道跟隨他的一千多人都不想回家嗎？」詔書命令李邑與班超會合，並受班超的節制。漢章帝又詔令班超收留李邑，與他共事。

李邑接到詔書，無可奈何地去疏勒見了班超。

班超不計前嫌，很好地接待李邑。他改派別人護送烏孫的使者回國，還勸烏孫王派王子去洛陽朝見漢帝。烏孫國王子起程時，班超打算派李邑陪同前往。

有人對班超說：「過去李邑詆謗將軍，破壞將軍的名譽。這時正可以奉詔把他留下，另派別人執行護送任務，您怎麼反倒放他回去呢？」

班超說：「如果把李邑扣下的話，那就氣量太小了。正因為他曾經說過我的壞話，所以讓他回去。只要一心為朝廷出力，就不怕人說壞話。如果為了自己一時痛快，公報私仇，把他扣留，那就不是忠臣的行為了。」

李邑知道後，對班超十分感激，從此再也不誹謗他人。

厚黑有理

在處理複雜的人際關係時，寬容不失為一劑利人亦利己的良藥。常言說：「君子坦蕩蕩，小人常戚戚。」往往一個強者的倒下，不是死在敵人的手中，而是敗於自己不能戰勝自己狹隘的心胸。不以物喜、不以己悲才是人生的至高境界。

02 與人爲善，大厚無形

厚黑學在交友上立足於善和真誠，而不是立足於實用。當今商潮湧起，商品原則浸入人與人的關係。許多人交友的原則只有一條，即有用，於是交有權的人，交有錢的，交有關係的人，對於那些無權無勢無錢的人，他們則給予輕視。

說到底，這種交友原則是從有利於自己出發，是一種要「佔便宜」的交友論；而厚黑學的交友之道不看重於利，不為了利，強調的是情與善。

孟子說：「君子莫大乎與人為善。」（《孟子・公孫醜》）與人為善是一種崇高的道德修養，我國人民歷來把它視為君子美德。

與人為善的道理很簡單，做起來卻並非易事。還是讓我們來看看呂不韋如何為人處世、如何登上權力之巔的，他的故事將印證「與人為善」的重要性。

呂不韋是衛國濮陽人，出生在一個珠寶商人家庭。成年以後，呂不韋奔走於各國，經營珠寶。後來他到了韓國，成為陽翟「家累千金」的巨富。呂不韋生活在戰國時期。其時農業、手工業、商業興旺發達，商人活動頻繁。有些商人主張用兵家之道來經商，呂不韋卻用經商之道來從政。

秦昭王四十二年（西元前二六五年），呂不韋經商來到趙國都城邯鄲，巧遇秦國公子異人（後改名子楚）。呂不韋覺得異人將是有用之人。異人是秦國安國君之子、秦昭王之孫，安國君此時已被確定為太子。

安國君有二十多個兒子，異人不是長子，他的生母夏姬也不受安國君寵愛。異人在趙國當人質，秦趙經常發生戰爭，異人在趙國處境危險，飽受趙國人白眼，他的日用起居車輛都很簡陋，確實是個落難公子，註定將來沒什麼大出息。

呂不韋依據生意經上的「人棄我取」原則，認為異人是個奇貨可居的物件，是一個可以收買並進行政治投機的對象，而關鍵在於重新塑造異人的形象，鞏固異人的地位，才可以有用。呂不韋回家與父親商量此事。

呂不韋問他父親：「耕田能獲幾倍的利？」

呂父說：「可獲十倍的利。」

呂不韋又問：「經營珠寶能得幾倍利？」

呂父說：「百倍的利。」

呂不韋追問：「助立一國之主，能得多少倍利？」

呂父說：「無數的利。」

呂不韋吃了定心丸，便一五一十地對呂父說：「現在努力耕田，不能保證吃飽穿暖；而幫助立一國之主，得到的好處卻無盡。並且可以傳之後世，這種大有利可圖的事，何樂而不為呢？我主意已定，決定助異人一臂之力。」

呂不韋特地拜訪異人，謙虛地客套一番後，說：「我能叫你飛黃騰達，身價百倍。」

異人認為呂不韋開玩笑，便也以玩笑態度說：「你還是自己去抬高身價，然後再來幫助我吧！」

呂不韋說：「你不知道，只有使你先發達了，我才能發達。」

兩人一來一往地對答，異人明白了呂不韋話中有話，便請他坐下來暢談。

呂不韋說：「秦王老了，安國君做了太子。聽說你父親安國君最寵愛華陽夫人，只有華陽夫人能立繼承人，可是她又沒有兒子。你們兄弟二十多人，你排行中間，又不受寵愛，長時間在趙國做人質。即便你祖父秦王死了，你父親安國君做了秦王，你也沒有希望同你的那些兄弟爭立太子。」

異人說：「你分析得很有道理。你有什麼高招呢？」

呂不韋說：「你現在很困難，情況不妙。你客居此地，沒有什麼東西可以孝敬長輩與結交賓客。我雖不富裕，但可以拿出千金，西遊秦國，走走門路，討好安國君和華陽夫人，讓他們立你為繼承人。」

異人聽了喜出望外，叩頭便拜，發誓說：「如果實現了你說的計劃，我願意同你共用秦國。」

呂不韋當場拿出五百黃金，送給異人，讓他廣結賓客。隨後呂不韋開始實行他的計劃，又花五百黃金，購買了一批奇珍玩好，自己帶著它們前往咸陽。

呂不韋設法見到了華陽夫人的姐姐，透過她把寶物獻給華陽夫人。呂不韋又在華陽夫人面前大誇異人在趙國如何賢明，如何廣交賓客，並且特別強調異人日夜思念太子和夫人，一提到太子和夫人就眼中流淚。華陽夫人被打動了，對異人產生了好印象。

呂不韋又讓華陽夫人的姐姐說動華陽夫人，並預先準備了一套說辭，針對華陽夫人的心病，層層深入。

華陽夫人的姐姐勸說華陽夫人：「我聽說，女人靠姿色得寵，到了紅顏衰殘時，受到的寵愛就會淡薄。只有趁受寵之時，確立自己的兒子為王位繼承人，即使丈夫去世之後，自己也不會失勢。現在夫人侍奉太子，非常受寵，可惜沒有兒子。何不趁機在眾位公子中物色一個既能幹又孝順的立為繼承人，並認他為兒子呢？這樣，你丈夫在世時，你受到尊重，萬一丈夫死後，你認的兒子繼位為王，你終生也不會失去權勢。如果不抓住目前你受寵的時機奠定牢固的基礎，等到寵衰色退時，即使你想說一句話，恐怕也沒人聽你的了。現在異人本事大，而且他知道自己排行居中，照常例是不能立為繼承人的，他的生母又不受寵愛，現在他主動來投靠夫人，你如果立他為繼承人，他會感激不盡，夫人你在秦國的地位便永遠不會動搖，你一輩子都能在秦國受到尊重。」華陽夫人被說動了。

華陽夫人侍候太子安國君時，便主動提出讓異人做繼承人。她流著淚說：「我有幸能到後宮充數，不幸沒有兒子。希望能把異人立為繼承人，讓我將來有個依靠。」

安國君答應了華陽夫人的請求，與她刻玉符為憑證，立異人為繼承人。安國君和華陽夫人不斷送錢財給異人，並聘請呂不韋任異人的老師。

異人回到秦國去見華陽夫人時，呂不韋知道華陽夫人原籍楚國，便讓異人穿楚服進見。華陽夫人見了異人非常高興。當場讓他改名為子楚。不久，子楚作為安國君的繼承人這個消息便在諸侯國中傳開了。

呂不韋在邯鄲養了一個美貌的歌舞姬。這個女人已經懷孕。一天，子楚到呂不韋家喝酒，見到她後，便為呂不韋敬酒，要求呂不韋割愛。呂不韋把她送給子楚。子楚把她立為正夫人，後來這個女人生下一子，取名政，他便是後來的秦始皇。

秦昭王五十五年（西元前二五二年），秦趙關係緊張，趙國想殺掉子楚。子楚和呂不韋商量，用五百黃金賄賂看管子楚的官吏。子楚逃進秦軍中，回到秦國；次年，秦昭王死，安國君繼位為王，華陽夫人當了王后，子楚成為太子。

秦孝文王元年（西元前二五〇年），安國君登上王位剛三天就死了，子楚繼位，他被稱為秦莊襄王。按照子楚與呂不韋當初的契約，呂不韋任丞相，封為文信侯，擁有河南十萬戶食邑。

秦莊襄王在位三年就死了，由其子嬴政繼位為王，他後來被尊為秦始皇。嬴政尊奉呂不韋為相國，號稱仲父。從秦莊襄王繼位到嬴政二十二歲親政以前，秦國的軍政大權一直掌握在呂不韋手中。

呂不韋是一個有遠見的政治家。他注重起用老臣宿將，調整統治集團內部關係，穩定國內統治秩序。任相之初，他委國事於大臣，並不獨攬大權，注意起用秦昭王以來的一些老臣宿將，如老臣蔡澤因受人攻擊，被迫告老稱病，呂不韋請他出山，參與朝政。王齕、蒙驁這些昭王的名將也被呂不韋委以重任，發揮才幹。

呂不韋還招收和選擇人才，而這又給他帶來了成功。呂不韋在《呂氏春秋》中強調舉薦賢人的作用：「得賢人，國無不安，名無不榮；失賢人，國無不危，名無不辱。」他自己提拔了一些傑出人才，如李斯、甘羅。十二歲的甘羅因有奇才，被呂不韋破格重用，為秦立大功。

呂不韋任相期間，滅東周、伐三晉，屢戰屢勝，兼併了大片土地，為秦王嬴政最後消滅六國做好了準備。後因「繆毒事件」，呂不韋被秦王嬴政罷去相位，隨後呂不韋被流放蜀地，服毒自殺。這些都是後話了。

呂不韋由一個普通的商人而躋身權力頂峰，在這裡面有許多因素，而最關鍵的一點是他幫助了秦國落難公子異人，異人返秦後繼承了王位，反過來回報了呂不韋。

儘管呂不韋當初幫助異人純粹是出於政治投機，但其客觀效果卻不能否定。要不然，富商千千萬萬，卻極少有人能像呂不韋這樣縱橫馳騁政壇。

呂不韋因幫異人，而兩任秦國丞相，主持朝政，在政治、經濟、軍事、思想方面為秦統一中國準備了有利條件，打下了基礎。他的這種為人處世是成功的，特別是就他個人來說。而現在的人們如果也能夠如呂不韋那樣，用獨特的眼光、獨特的手段去幫助獨特的人，也會有收穫的。

親和疏是人際關係中無時不有的矛盾。從某種意義上說，人的一生就是糾纏在各式各樣的親疏關係的矛盾之中，而辯證地協調好各種關係，你就會生活愉快，工作順利；反之則矛盾重重，大小瓜葛，種種糾紛，冤冤相報。在親疏關係上，厚黑學的觀點是要做到順其自然。首先要確定親疏標準，而後視其情況，當親則親，當疏則疏，不要著意於人際關係中謀求點什麼。

換句話說就是不要太功利了。古人擇友極重投契。今人的處世觀念與古人當然有了很大的變化，但是交友重誠重真，注重道義相規、忠難相助，注重擇賢而從的精神，到什麼時候也是值得推崇的。以利害為基礎的友誼不可能長久，欲得反失。「有心栽花花不開，無心插柳柳成蔭」，講的也是這個道理。交友本是人生雅事與樂趣，切不可把它作為謀取財利的手段，否則很可能偷雞不成反蝕把米。

厚黑有理

人們幾乎每時每處都要同大大小小握有權力、擁有勢力的人接觸、打交道。真正意義上的自然和諧，就是不以權勢大小來決定與之親、疏、遠、近。親權勢者，疏無權無勢者，那是勢利眼。親權勢大的，疏權勢小的，等於從中挑撥，必導致權勢相爭。兩者取其中，「公事公辦」，不搞拉拉扯扯那一套；也不要把精力和心思花費在研究某某「背景」之上。以權勢視其親疏，實則是親一時，疏一世。凡是這樣「套」來的親，沒有長久的，硬「攀」不親。

因為權勢本身就不是永恆的，而是無常的，那麼以此為籌碼的親疏一定不會長遠，所以真正做到不趨不亦，不以權勢為標準來決定親疏遠近，十分了不起，那是真正「禪」透了，想開了。不以權勢作為取捨標準，不等於見官就躲，敬而遠之。不要以權交友，也不必見官就退避三舍。比較恰當的態度是順其自然，當親則親。

03 量寬福厚，器小祿薄

厚黑學認為，量寬福厚，器小祿薄。古人曾說，一個人「無遠視、無卓見、無氣節、無篤實、無文雅」的原因，在於「多躁者，必無沉潛之識；多畏者，必無卓越之見；多欲者，必無慷慨之節；多言者，必無篤實之心；多勇者，必無文學之雅。慎而戒之，戒躁、戒畏、戒欲、戒言、戒勇，是為策略」，這樣就會達到「心底無私天地寬」的境界。

一個人的名望、地位能代替，而一個人的舉止氣質則不可以代替。荀子告訴人們，長者的風範是這樣，所戴的帽子高大，衣服寬敞，面色溫和，莊莊重重的，嚴嚴肅肅的，寬寬舒舒的，大大方方的，開開脫脫的，明明朗朗的，坦坦蕩蕩的。張英有長者的風範，「千里來信為堵牆」之事，為後人留下了一個美好的傳說。俗話說：「若要好，大讓小。」對一些小事或意氣之爭聽而不聞，付之一笑，有這種氣度，就顯示出君子的風度來。

康熙年間的某一天，一騎快馬跑進宰相府。並不是天下出了什麼大事，宰相張英收到一封來自安徽桐城老家的信。

原來，他們家與鄰居葉家發生了地界糾紛。兩家大院的宅地，大約都是祖上的產業，時間久遠了，本來就是一筆糊塗帳。想佔便宜的人是不怕糊塗帳的，他們往往過分自信自己的鐵算盤。兩家的爭執頓起，公說公有理，婆說婆有理，誰也不肯相讓一絲一毫。由於牽涉宰相大人，官府都不願沾惹是非，糾紛越鬧越大，張家只好把這件事告訴張英。

張英大人閱過來信，只是釋然一笑，旁邊的人面面相覷，莫名其妙。只見張大人拿起大筆，一首詩一揮而就。詩曰：「千里家書只為牆，讓他三尺又何妨。萬里長城今猶在，不見當年秦始皇。」交給來人，命快速帶回老家。家裡人一見書信回來，喜不自禁，以為張英一定有一個強硬的辦法，或者有一條錦囊妙計，但家人看到的是一首打油詩，敗興得很。後來一合計，確實也只有「讓」這唯一的辦法，房地產是很可貴的家產，但爭之不來，不如讓三尺看著。於是立即動員將垣牆拆讓三尺，大家交口稱讚張英和他的家人的曠達態度。

他家宰相肚裡能撐船，咱們也不能太落後。宰相一家的忍讓行為，感動得葉家人熱淚盈眶。全家一致同意也把圍牆向後退三尺。兩家人的爭端很快平息了，從此，兩家之間，空了一條巷子，有六尺寬，有張家的一半，也有葉家的一半。這條一百多米長的巷子很短，但留給人們的思索卻很長很長。張英乃位及一人之下萬人之上的宰相，權勢顯赫，如果在處理自家與葉家的衝突時，稍稍打個招呼，露點口風，肯定會發生自下而上的傾斜，葉家肯定無力抗衡；再進一步，要是透過地方政府，不顧法律，搞行政干涉，葉家更會吃不了兜著走。這樣，有形的尺寸方圓的土地是到手了，產業是又龐大了，但無形中準會失去許多東西。倒不只葉家這樣的朋友，餘波或許會從桐城一下子震盪到京城，京城裡的影響可大著呢！

就算是張英曠達忍讓，如果葉家人不予理睬，那條巷子也就只有三尺寬。

三尺寬的巷子，也總是一條通道，通則通矣，事情通了，人也通了，路也通了，卻有點兒不夠完美。完美是感覺出來的，六尺不比三尺寬多少，但如果人們置身其間，會發現這是一條多麼寬的人間道路。互相忍讓，天地才會更寬廣啊！

「讓他三尺又何妨」——說得真好！試想，如果當初張英不是勸說家人退讓，而是借勢壓人，或慫恿家人與對方抗爭，那結果又會怎麼樣？由此可見，寬容豁達，不僅僅是為官之道，更應該是我們的為人之本。

現實生活中，親朋鄰里同事之間，有時也會因一點小摩擦便互不相讓，有時甚至橫刀相向。但試想一下，與我們的生命相比，那些小小的矛盾又算得了什麼呢？在永恆的時間面前顯得多麼脆弱和不堪一擊！

但願人與人之間多一分理解和寬容，少一分衝動和遺憾！

「讓他三尺又何妨」——當你面對矛盾與摩擦時，不妨想想這話，它會幫你做出理性的選擇！

讓人三尺並不是一種懦弱的表現，鄰里之間，要和睦相處，該讓的時候就讓一下，退一步海闊天空，如果太斤斤計較，就會造成不必要的後果。下面這個例子就是因為鄰里糾紛而引發的流血事件，本來無足輕重的小事，因為雙方的太過計較，最終導致了兩個家庭的破裂。

清明過後正是棉花播種的季節，而導致無棣縣餘家巷鄉後張倉村村民張景義與張景奎爭執的那二分耕地的歸屬問題至今尚未解決。自去年始本是相鄰的兩家，因地界偏差問題產生矛盾，雙方各執其辭，互不相讓。

這天張景義帶著家人在那二分地裡剛播下棉種，張景奎即率全家趕來制止，雙方由爭吵發展到毆鬥。先是拳打腳踢，後升級到棍棒相加、鐵鍬舞動，並最終以張景奎被鐵鍬鏟中頭部致死而告結。而張景義之子張中超也因故意殺人罪被依法逮捕。一場毆鬥雖然讓當事人解了一時之氣，卻讓兩家都為此付出了血的代價，兩個原本幸福的家庭也隨之破碎了。

想想當初僅僅為了爭那二分耕地，卻以生命作償，這結局是雙方始料未及的。也許當初雙方要爭的確是那二分耕地，而後來卻僅僅是為了出一口氣，兩家的宗旨都是不向對方低頭，不在人前失面子，使得衝突一再升級。想一想，那種「不蒸包子蒸（爭）口氣」的心態曾讓多少人因鬥氣而喪失理智，導致無法挽回的後果！

厚黑有理

在現實生活當中，常見到同事之間、鄰里之間和夫妻之間，為了一點芝麻綠豆大的小事情，引起爭端，以致於惡言相向，拳腳相加，甚至於訴之法庭，到最後兩敗俱傷。旁觀者都會為之惋惜，認為這樣做太不值得。其實，只要當事人冷靜下來，理智地對待，有一點寬容精神，再大一點的事情也會化干戈為玉帛的。「退一步海闊天空，讓三分心平氣和」。

04 得饒人處且饒人

古人云：「冤冤相報何時了，得饒人處且饒人。」這是一種寬容，一種博大的胸懷，一種不拘小節的瀟灑，一種偉大的仁慈。為人處世，當以寬大為懷。生活在相互寬容的環境中，是人生的幸福，會使你忘卻煩惱，忘卻痛苦。

寬容是一種處世哲學，寬容也是人的一種較高的思想境界。學會寬容別人，也就懂得了寬容自己。

一女子在行路中吐口痰，因風的作用把痰刮到一個年青人的褲子上了，該女子看到後慌忙道歉，並從包包裡掏出面紙要擦去年青人褲子上的痰，但年青人惱怒地不肯讓她擦去痰，並聲言：「你給我舔去！」女子再三賠禮：「對不起！對不起！讓我給你擦去好嗎？」但他執意不讓她擦，就是讓她給舔，這樣爭執下去，街上圍上看熱鬧的人越來越多，有的跟著起鬨打哨鬧著、笑著，但見女子怎麼「對不起」也不會使年青人原諒，非讓她舔去不可。最後惹得女子大怒，從包裡掏出一疊錢來，大約有萬元，當場喊道：「大家聽著，誰能把這個傢伙當場擺平了這些錢就歸誰！」話音剛落，人群中閃出兩個健壯的男人，對著那不饒人的年青人就是一陣拳腳，但看他被踢翻在地不知東南西北，等站起來找那女子時，那女子和打他的人早已無影無蹤……。

不給別人留台階，最後自己也會沒有台階可下。所以，做人要得饒人處且饒人，給人留個台階，也是給你自己留條退路。人不講理，是一個缺點；人硬講理，是一個盲點。理直氣「和」遠比理直氣「壯」更能說服和改變他人。

一位高僧受邀參加素宴，席間，發現在滿桌精緻的素食中，有一盤菜裡竟然有一塊豬肉，高僧的隨從徒弟故意用筷子把肉翻出來，打算讓主人看到，沒想到高僧卻立刻用自己的筷子把肉掩蓋起來。一會兒，徒弟又把豬肉翻出來，高僧再度把肉遮蓋起來，並在徒弟的耳畔輕聲說：「如果你再把肉翻出來，我就把它吃掉！」徒弟聽到後才再也不敢把肉翻出來。

宴後高僧辭別了主人。歸途中，徒弟不解地問：「師傅，剛才那廚子明明知道我們不吃葷的，為什麼把豬肉放到素菜中？徒弟只是要讓主人知道，處罰處罰他。」

高僧說：「每個人都會犯錯誤，無論是有心還是無心。如果讓主人看到了菜中的豬肉，盛怒之下他很有可能當眾處罰廚師，甚至會把廚師辭退，這都不是我願意看見的，所以我寧願把肉吃下去。」為人處世固然要「得理」，但絕對不可以「不饒人」。留一點餘地給得罪你的人，不但不會吃虧，反而會有意想不到的驚喜和感動。每個人的價值觀、生活背景都不同，因此生活中出現分歧在所難免。大部分人一旦身陷鬥爭的漩渦，便不由自主地焦躁起來。一方面為了面子，另一方面為了利益，因此一得了「理」便不饒人，非逼得對方鳴金收兵或投降不可。

然而，「得理不饒人」雖然讓你吹響了勝利的號角，但這卻也是下一次爭鬥的前奏。因為對方雖然「戰敗」了，但為了面子或利益他自然也要「討」回來。

在日常生活中，厚黑學提醒人們：留一點餘地給得罪你的人，給對方一個台階下，少講兩句，得理饒人。否則，不但消滅不了眼前的這個「敵人」，還會讓身邊更多的朋友疏遠你。俗話說，得饒人處且饒人。放對方一條生路，給對方一個台階下，為對方留點面子和立足之地。這樣做並不是很難，而且如果能做到，還能給自己帶來很多好處。如果你得理不饒人，讓對方走投無路，就有可能激起對方「求生」的意志，而既然是「求生」，就有可能不擇手段，不顧後果，這將對你自己造成傷害。放他一條生路，他便不會對你造成傷害。即使在別人理虧時，你在理已明瞭的情況下，放他一條生路，他也會心存感激，就算不如此，也不太可能與你為敵。這是人的本性。況且，這個世界本來就很小，變化卻很大，若哪一天兩人再度狹路相逢，屆時若他勢強而你勢弱，你想他會怎麼對待你呢？得理饒人，也是為自己留條後路。

要做到忍讓，就必須具有豁達的胸懷，在為人處世、待人接物時，不能對他人要求過於苛刻。應學會寬容、諒解別人的缺點和過失。要做到這一點，就要有氣量，不能心胸狹窄，而應寬宏大度。特別是在小事上，如果寬大為懷，儘量表現得「糊塗」一些，便容易使人感到你通達世事人情。

一位住在山中茅屋修行的禪師，有一天趁夜色到林中散步，在皎潔的月光下，他突然開悟了。他走回住處，眼見到自己的茅屋遭小偷光顧，找不到任何財物的小偷要離開的時候在門口遇見了禪師。原來，禪師怕驚動小偷，一直站在門口等待，他知道小偷一定找不到任何值錢的東西，早就把自己的外衣脫掉拿在手上。

小偷遇見禪師，正感到驚愕的時候，禪師說：「你走老遠的山路來探望我，總不能讓你空手而回呀！夜涼了，你帶著這件衣服走吧！」說著，就把衣服披在小偷身上，小偷不知所措，低著頭溜走了。禪師看著小偷的背影穿過明亮的月光，消失在山林之中，不禁感慨地說：「可憐的人呀！但願我能送一輪明月給他。」禪師目送小偷走了以後，回到茅屋赤身打坐，他看著窗外的明月，進入空境。

第二天，他在陽光溫暖的撫觸下，從極深的禪室裡睜開眼睛，看到他披在小偷身上的外衣被整齊地疊好，放在門口。禪師非常高興，喃喃地說：「我終於送了他一輪明月！」

厚黑有理

這就是人心受到感召的力量和改變。也許有人認為克制忍讓是卑怯懦弱的表現，其實，這正是把問題看反了。古人說得好：「猝然臨之而不驚，無故加之而不怒。」這才是真正的英雄。只有頭腦簡單的無能之輩，才會為芝麻綠豆大的小事各不相讓，爭得面紅耳赤。而能放手時則放手，得饒人處且饒人，才正是心胸豁達、雍容雅量的成功者所應具備的高貴個性。

厚黑學

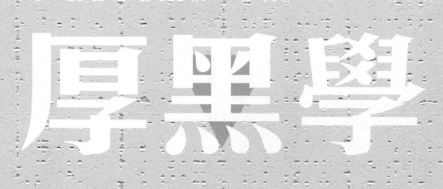

Part 5.

以牙還牙，以黑反黑

01 以強對強，以暴制暴

性格強硬型的人大致可分為兩類：一是蠻橫不講理的人；一是智勇雙全、藝高膽大的人。這兩種人，都以不同的方式、手段在群體中樹立起了不好惹的形象，相比較而言，都較少受氣。

「軟的怕硬的，硬的怕愣的，愣的怕不要命的」。這是人們在世代相襲的人際鬥爭中演繹出的至理名言。它告訴人們，這「硬」的，「愣」的，「不要命」的，都不是省油的燈。我們俗稱的「白目」、「無賴」等皆屬此類。

他們依仗自己拳大胳膊粗，似乎腳一跺，一方地皮就不敢不響，說起話來腔調也比別人高八度，動不動橫挑鼻子豎挑眼，捏拳斜眼從鼻子裡哼出一聲：

「怎麼，不服？你小子敢跟老子試試？」自然，明智的人此時會念念不忘老祖宗的遺訓：「知己知彼，百戰不殆。」「好漢不吃眼前虧。」「我鬥不過你，惹不起你，可躲得起。」

是的，這種肆意尋釁的無賴之徒，你縱然有一萬個理，他那拳腳哪容你講理去？此乃一種「強硬」，是一種極淺層的、低層次的硬，在社會低層次的群體中，非常吃得開。

這種類型的人，在他的一方寶地上，天王老子第一他第二，倒是不吃虧、不受氣。但未免給別人施氣太多，眾叛親離，左鄰右舍如躲洪水猛獸，巴不得他暴死。

這種動不動就和人玩命的無賴之徒，無人格之尊，無信義可言，無原則可循，無道理可講，貌似硬氣十足，實則色厲內荏。有朝一日碰到面，硬對硬較起真兒來，他會不惜五尺之尊，厚顏無恥地趴在地上稱孫子。

更有甚者，若對方是一位俠風義骨之士，在凜然正氣的威脅之下，這些平日裡趾高氣揚的「大哥」立刻會矮掉一半，其硬氣更在不知不覺間已散到九霄雲外，只剩一副空空的臭皮囊。如果作惡多端，積怨已深，此時便會四面楚歌。

如《水滸》中被魯智深大打出手的鎮關西，強搶楊志寶刀不成反送自家性命的沒毛大蟲牛二等等，都是這類人物。就是我們在日常生活中也不難遇到這等貨色的人物。

這種強硬之人，是糞坑裡的石頭——又臭又硬。萬萬不可效仿而貽誤終身！這是人們對「性格強硬」理解容易出現的一大誤區。

孔老夫子曾告誡後人：「己所不欲，勿施於人。」是的，我們自己不想受氣，也不要施氣給別人。我們講性格強硬不受氣，要的是堂堂正正的硬氣，講的是有理有義的浩然正氣。硬氣猶如一把隨身佩帶的寶刀，為的是保護自己，維護正義，擊退邪惡，而非為虎作倀，亂傷無辜。

這種強硬型的人，善於把握事物的發展規律，抓住其中的道理，其行為符合絕大多數人的利益。他佔據正義的一方，理直氣壯。他不是拳大胳膊粗的貌似強大，不是恃強凌弱的無賴之徒。

他的威力來自於正義而英勇的氣勢，來自於其人格的強大威懾力量。這種人，是無賴和邪惡的剋星。他們喚醒的往往是人們的自尊、自信和良知，是一種人格的尊嚴和無畏。

這種強硬型的人，在自己的群體中為人尊敬，一般不會受氣。他不會向困難低頭，不會向惡勢力折腰，即使受到侵害也能妥善處理、化解。因此，較少受氣。此之謂：得道多助。

大多數人之所以不敢表現得硬氣十足，並不是他們是非不分，更不代表著他們支持邪惡。只是人們在做事情之前，總要掂量一下，怕付出代價。因此，在很多情況下，明知對方缺乏正氣，也不敢站出來抗爭。而強硬型的人則不同，他們處世是非分明，原則性強，善於利用有利因素，這正是強硬型人的力量所在。

性格強硬的人處世時是否都應以眼還眼，以牙還牙？是不是動不動就捲起袖子指鼻子罵娘、以硬碰硬？其實，強硬是骨子裡蘊含的內在素質，外化為行為並不是粗聲大氣，魯莽行事，鋒芒畢露，也不是得理不饒人，鬧個天翻地覆。不受氣是為了解決衝突，而不是在於製造衝突，擴大衝突。在現實生活中，更多的情況下不宜用硬碰硬的方法。強硬也存在一個策略問題，應該適度選擇。強硬不等於蠻橫，不等於魯莽，更不等於以硬碰硬。

厚黑有理

性格強硬是一種不好惹的形象，這種強硬的形象一旦樹立起來，就會變成一種「勢能」和威信，可以收到一勞永逸的效果。聰明的人不僅僅拘泥於敢打敢鬧，而是善於「蓄能」，把這種能量轉化為內在的東西，只在必要的時候才表現出強硬的姿態，畢竟一個人不可能把全部精力都用在對付別人上，多數人都有更重要的正事要去做。

02 將計就計，見機行事

有次孔文舉以自己的祖先孔仲尼曾經拜李元禮的祖先伯陽為師的事，得出「我和您老是老世交了」的妙答，得到了眾人的誇讚。

太中大夫陳韙聽了心裡非常忌妒他，想當眾對孔文舉羞辱一番，他說：「小時候聰明伶俐，長大了未必出眾。」

孔文舉聽後應聲說道：「想必您小時候很聰明吧。」他的這一回答，弄得陳韙非常難堪。

孔文舉回答的高妙之處，在於很好地利用了「借力使力」原理。陳韙冷不防打來一拳，力道是「小時候聰明伶俐，長大了愚笨」。你用什麼方法打我，我也用什麼方法打你，孔文舉正好借這個力道反擊陳韙：「想必您小時候很聰明吧。」說的正是：「難怪你現在這麼愚笨！」

依照同一邏輯借力使力，常會使惡意進攻者掉進自己設置的陷阱裡，結局只會把自己弄得更狼狽。

還可以把借力使力的原理應用到讚揚別人的地方。

謝仁祖還是幼年時，父親謝鯤就常領著他會客。那時謝仁祖已顯示出奇異的悟性，已經自居於名流之中，大家都很讚許他，說他「年紀雖小，也是座中顏回」。

謝仁祖說：「座中如果沒有孔子，怎麼能識別顏回？」——你們誇我，我也「借力使力」誇誇你們，你們不是說我是很有學問的顏回嗎？那你們都是顏回的老師孔子，學問遠在顏回之上！一人發一頂高帽子，發得順理成章，使之變成一場皆大歡喜的局面。生活中要善用「將計就計」的策略，其實，將計就計也是一種借力使力的策略。

曹操率領大軍討伐張繡，把張繡的軍隊圍攻在南陽城內。張繡把城門封住，堅守不出。曹操不急於攻城，而是繞著南陽城觀看了三天。三天過後，曹操命令士兵在城西北角上堆放乾柴，而且召集全部軍隊，揚言在那裡攻城。

張繡有一個謀士賈詡，他在城上看到此景，便對張繡說道：「我已經知道曹操的用意了，我們可以將計就計。我在城上看見曹操繞城觀察了三天。他看城東南角磚土的顏色有新有舊，參差不齊，設置的障礙物也多半損壞不管用了，因此就想從這裡進攻，可是他表面卻向西北角堆積乾柴，故意製造一種假象，想騙我們調兵去西北角。他們一定會乘夜色從東南角向我們進攻。」張繡問道：「那該怎麼辦？」賈詡說：「這事好辦。明天可以讓身強力壯的兵士，吃飽飯，全部輕裝，隱藏在城東南角的房屋內。然後讓大批百姓扮成士兵，防守西北角。我們只管讓曹軍從東南角登城，等他們進城時，一聲炮響，伏兵齊出，定可活捉曹操。」張繡覺得賈詡的意見非常有道理，於是就採納了他的這種方法。

曹操也讓人暗地打探城內的消息，暗探報告說張繡把全部主力都撤回西北角去，東南角十分空虛。曹操聽了非常得意，說道：「他們中計了！」於是便命令士兵暗中準備好鐵鍬、鐵鉤和其他爬城器具。曹軍的軍隊白天只進攻西北角，到了深夜二更時分，卻從城東南爬上城牆。等到大批曹軍都入城時，只聽一聲炮響，張繡伏兵四起，曹操立即撤退軍隊。張繡的軍隊奮力追殺，最終把曹軍給打敗了。這個故事說明了將計就計這個策略是多麼的重要！

第二次世界大戰期間，日本海軍妄圖在中途島與美國海軍展開激烈的角逐，將美軍逐出太平洋，而且還擬了一份作戰計劃書。但是美軍情報機關截獲並破譯了日軍的密碼，然後針鋒相對地制定了殲滅日本海軍的行動計劃。就在日、美海軍都在緊鑼密鼓地進行戰爭部署時，發生了一個意外。美國芝加哥的一家報紙不知透過什麼方法獲得了美國海軍的行動計劃，並把它當作獨家新聞刊發在報紙上。美國情報機關和日本情報機關知道後都大吃一驚，隨後馬上將這一情報報告給各自的主管人。

羅斯福得知這一情報後也大吃一驚，如此嚴重的洩密，其後果不堪設想。但是羅斯福在驚詫之後又馬上冷靜了下來，他認為：假如對這家報紙興師問罪，必然會把日本人驚動起來，日本人立刻就會取消中途島的作戰計劃，更為嚴重的是，日本人會警覺起來，對他們自己「密碼」的可靠性發生懷疑，倘若日本人「更新」他們的「密碼」，美國情報機關就等於徒勞無功，只得重新開始。

最終羅斯福採取的政策是：隨便他們怎麼說，假裝不知道這件事。

羅斯福這一「糊塗」，日軍首腦也跟著「糊塗」起來，他們得出的結論是美國人是在使詐，實際上他們根本沒有破譯日本的密碼。所以，日本軍隊不僅沒有結束中途島大戰的計劃，而且連密碼也沒有更新。

最後在進行中途島一戰時，日本海軍撞入美軍精心設下的圈套，損失非常嚴重。中途島大戰後，日本海軍永遠地失去了在海上的優勢。

這個故事中，羅斯福處變不驚，得知情報後故意裝作不知道，以蒙蔽日軍，使美國海軍從此掌握了海上作戰的主動權。這種心機確實值得我們學習一番！

厚黑有理

所謂「借力使力」，古人留給我們太多有用的東西。換個角度思考，這張牌豈不也是我們手中的一張牌。

03 以謊治謊，以毒攻毒

「以其人之道，還治其人之身」，具體引申開來，也就是以牙還牙、以謊治謊、以毒攻毒、以黑反黑等。它是人們常用來對付對方的一種反擊方法，恰當地使用它不失為一種應變之道。

下面是以謊治謊之術在軍事中的應用，將其借來用於處世中同樣也很實用。

西元二一〇年，周瑜率軍於赤壁大戰打敗曹操後，立即派魯肅出訪劉備，向其索要借用的荊州。諸葛亮聞聽此訊後，便對劉備說：「如果魯肅提起索要荊州的事，您便放聲大哭，哭到悲切的時候，我便有話說。」

魯肅來到荊州，見到劉備，一陣寒暄之後，便開門見山說明來意，是專程來討要荊州的。劉備掩面大哭起來，魯肅莫名其妙地吃了一驚，問道：「劉皇叔為何如此悲痛？」

諸葛亮此時便說道：「當初我們借用荊州時，曾許諾取下西川後便『完璧歸趙』。細想想看，劉璋是劉皇叔的弟弟，都是漢朝的骨肉同胞，如果使用武力去奪取他的地盤，恐怕外人唾罵；如果不去奪西川，而又把荊州交回東吳，又無處安身，實在兩難，因此傷心難過。」緊跟著又說，「麻煩先生回東吳見吳侯之時，多美言幾句，准把我們的難處稟告吳侯，寬容一些時候。」

魯肅作難地說：「如果吳侯不同意，又怎麼辦呢？」

諸葛亮又說道：「吳侯連親妹妹都嫁給劉皇叔了，怎麼會不同意呢？希望先生能多說好話，一定行！」

魯肅是一個忠厚老實的文官，也就相信了諸葛亮的話。

魯肅回東吳，如實地向周瑜作了彙報。周瑜一聽，頓足埋怨道：「您又中了諸葛亮的詭計啦！當初劉備投靠劉表時，就常有吞併的意圖，何況對西川的劉璋呢？這只是藉口罷了。現在我有一個辦法，可以算計諸葛亮，只是您得再跑一趟。」魯肅問是何計，周瑜說：「你也別去見吳侯了，趕快去荊州對劉備說，如果劉備不好意思去奪西川，我們東吳出兵去取，得了西川後，作為嫁妝送給劉備，換回荊州，這樣可以兩全其美。」

魯肅說道：「西川路途遙遠，地勢險惡，並非輕而易舉可得的，都督您這計劃是否行得通啊！」

周瑜看到魯肅如此認真的樣子，便笑道：「您老兄也太死心眼兒了，您以為我真的要為他去奪取西川？我只不過藉口取西川，實際去奪荊州罷了。我軍假道荊州時，向他們索要糧草，劉備必然出城慰勞我將士，到時趁機把他殺了，奪回荊州，以解我心頭之恨，也免除老兄您的勞苦。」魯肅依計行事，又星夜奔荊州而去。

諸葛亮得知魯肅這麼快又重訪劉備，其中必有名堂，便對劉備說：「我猜想魯肅回去並沒有見吳侯，只是到柴桑和周瑜商量了什麼計謀，又來誘哄我們。接見魯肅時，要見機行事，他說的話，只要我點頭的，您就滿口答應。」商量停當，靜等魯肅的到來。

魯肅見劉備後，果真按照周瑜的吩咐謊稱道：「吳侯非常稱讚劉皇叔的品德高尚，便與眾將商量好了，東吳出兵替皇叔收服西川，然後以西川換荊州，當嫁妝送給皇叔，這樣對兩家都有好處。只是有點兒小小的要求，當我軍經過荊州時，希望能供給些錢糧，以資謀師遠征之用。」劉备見諸葛亮示意之後，便表示同意。同時諸葛亮自己也說道：「如貴國雄師路過荊州時，我們自迎出郊外，犒勞三軍，請轉告吳侯和都督放心。」

魯肅回到東吳，稟告周瑜，周瑜拍案大笑道：「這次諸葛亮終於中我的計了！」隨即稟告吳侯，任命甘寧為先鋒，自己親領徐盛、丁奉、凌統、呂蒙五萬水陸大軍，向荊州浩浩蕩蕩駛來。

到了夏口，周瑜問道：「荊州有人來迎接麼？」

糜竺對周瑜說道：「皇叔便在城外等候，將與都督把盞接風。」周瑜自以為得計，大言不慚地說道：「今日為你家的事出兵遠征，犒勞軍將可要豐富一點兒。」糜竺點頭稱是，辭別而回。

周瑜領著眾將，策馬直奔荊州城前，卻不見劉備迎候，令軍卒叫門。

城上軍卒問道：「你等是誰？」

東吳軍卒答道：「我東吳周都督親自到來，快快開門！」

城上伏兵霍然而起，刀槍林立。

城樓上趙雲問道：「都督如何出動，究竟為何而來？」

周瑜說道：「我是去替你們奪西川，你怎麼會不知道呢？」趙雲說道：「我家主公已識破了都督『明取西川，實取荊州』之計，因此留我守城，看哪個輕易進城！」周瑜知情況有變，勒馬便回。

這時候，只聽見四面炮響，關公從江陵殺來，魏延從孱陵殺來，黃忠從公安殺來，張飛從秭歸殺來，喊聲震天，聲言活捉周瑜。嚇得周瑜大叫一聲，箭瘡複裂，墜落下馬，幸虧被侍衛急救回船。軍船駛至巴丘，得諸葛亮派人送來書信一封，拆開一看，信中既告以周瑜忠言，又刺得他痛處。

周瑜讀罷自歎不如諸葛亮，而後朝天長歎道：「既生瑜，何生亮！」連叫數聲，便一命嗚呼了！周瑜企圖以謊言讓劉備上當，結果是自食其果，一命嗚呼，偷雞不成反蝕一把米。

古代時，李懷光祕密與朱泄勾結謀反，他們密謀的事，已經顯露出跡象。這時，與其一起帶兵的李晟多次上書朝廷，恐怕出現事變，被這二人火拼，又請求將軍隊移至東渭橋。皇帝希望李懷光能改邪歸正，使之為朝廷出力，所以李晟的奏文一直被壓下來了。李懷光想推遲交戰的日期，並想激怒眾卒，強化叛亂的群眾基礎。

李懷光對眾士卒說：「我們諸軍的糧食供應特別少，而神策軍（李晟）的糧食卻特別優厚，厚薄不均，難以打仗。」皇上正在為軍糧不足而憂慮，對李懷光的不滿很覺為難。如果糧食供應各軍拉平。無力辦到；可不拉平，李懷光的怨氣無法消除，眾軍的軍心也可能因此渙散。為此，派陸贄到李懷光的軍中慰問，還召來李晟共議軍糧的事。

李懷光想逼迫李晟自己提出減少軍糧的意見，使其在士卒中失去威信，為自己以後的叛變提供方便，於是說道：「兵士們一樣與敵人打仗，可是軍糧供應卻不同，這怎麼能使將士們齊心協力地去打仗呢？」

陸贄沒說話，多次轉頭看李晟。李晟卻靜靜地說：「你是元帥，可以發號施令；我率領的一個軍不過是指揮而已，至於增減糧食，應該由你決定。」李懷光默然不語。

李晟的成功就在於採取了以毒攻毒的心術。李懷光想把減少軍糧的罪名加在李晟的頭上，從而使李晟的將士對他不滿；李晟針鋒相對以牙還牙，逼迫李懷光說出減少軍糧的話，將自己一軍將士的怒氣發洩到李懷光身上。就這樣，一個不受人歡迎的皮球，又被踢回去了。李晟成功了。

傳說中河伯娶親的故事也是一例。

先秦魏文侯用西門豹做鄴縣縣令。不知從何時起，鄴縣的巫婆和地方惡棍搞了個為「河伯娶媳婦」的把戲，年年如此，不知坑害了多少良家女子，也不知詐取了多少不義之財。

西門豹到鄴後，瞭解了這一情況，決定以毒攻毒，殺一儆百。

到了為河伯娶媳婦的日子，老巫婆領了許多弟子還有地方惡棍們都到了現場，有不少人圍觀。西門豹也親臨現場，說是為百姓祈禱，以求神明保佑。

西門豹命令將準備好的河伯媳婦帶來親眼看看，他打量著這位姑娘說：「這個姑娘不太漂亮，恐怕河伯不能滿意。巫婆可給河伯捎個話，我想過幾天選一個更好的送給他。」說罷，不由分說就叫人把巫婆扔到河裡去了。然後，西門豹就站在河邊，恭恭敬敬地耐心等待。

過了一會兒，又說：「這個老太太年齡太大了，弟子們快下去催催她。」接著又扔進去三、四個小巫婆。然後，還是恭敬地站在那裡。過一會兒又說：「巫婆們皆女流之輩，話說不清楚，辛苦里老們再走一趟。」說完，把里老扔下去了。西門豹還是那樣恭恭敬敬地站著。

過了半晌，還沒有動靜。西門豹說：「河伯把客人留了這麼久呀！還是勞駕廷椽、豪長們走一遭吧。」

厚黑有理

以毒攻毒，是一句中醫術語。意思是要治療那些毒性很大的病症，必須使用毒性也很大的藥物。

以毒攻毒的方法，同樣也可以應用於社會生活之中，對那些冥頑不化、別有用心的人或者某些心地不善的人，其言聽視動、所作所為，很難用理說服，更難改變時，可採取以毒攻毒的辦法，必能收到比較明顯的效果。

04 欲擒故縱，不露聲色

富有經驗的獵手都知道，兔子只有在跑起來的時候才好打。同樣之理，在為人處世中，有時明知道對方欲對自己不利，但由於對方藏得很深，表面上還無法看出對方的不義之舉。厚黑大師告訴你，不妨假裝糊塗，故作不知，往往可以起到麻痹和驕縱對手的目的，待對方得意忘形、蠢蠢欲動的時候，你恰好可以一網打盡。

河東太守王邑被調走了，衛固、範先以請王邑回河東為名，與並州高幹暗中往來，欲舉兵反叛曹操。曹操知道後對荀彧說：「河東山川險峻，為天下的要地。落入衛固等人手中，為害必深。請你替我舉薦一人，派去鎮撫。」

荀彧說：「鎮撫河東，杜畿可以去。」曹操便委任杜畿為河東太守，前去執政。

杜畿上路了，但未等他到河東境界，衛固等人已得到消息，派幾千人守住陝津，不讓杜畿入境。有人對杜畿說：「應帶大兵前來征討。」但杜畿卻另有考慮。

他說：「河東有三萬百姓，並非都是叛亂之人。如果以大軍進攻，高壓之下原來一心向善之人也會因為恐懼而聽從衛固。衛固控制了百姓，必然拼命死戰。在這種情況下進攻征討，如果不能取勝，則會引致附近各地的叛亂，天下便永無寧日；如能僥倖獲勝，也會對河東之民多所殺戮，同樣不是什麼好事。現在，衛固等人並沒有公開叛亂，他既然以回請王邑為名，對曹操派去的新官暫時必然不敢加害。衛固雖然足智多謀，卻優柔寡斷。如果我單身前往，出其不意，他必然假意接受我為太守。我到了河東，只要有一個月的時間，設計算計他就已足夠了。」

杜畿於是祕密渡河進入了河東境內。杜畿到任後，範先想要殺杜畿立威。

為了觀察杜畿的內心去向，便先殺了主簿以下三十多人，而杜畿不為所動，舉動自如。衛固於是說：「殺了他沒有什麼好處，只會給我們招來亂殺無辜的惡名，而且他已經被我們所控制，不如就留下他來做太守吧。」這樣，杜畿正如他所預料的那樣，被衛固等人奉為太守，暫時沒有了性命之憂。

保全性命之後，杜畿開始設計了。他對衛固、範先等人說：「你們是河東的希望所在，我只有仰仗你們才能辦成大事。所以，以後如有什麼事，請大家一起商量，出謀劃策。」

便任命衛固為都督，處理一般行政事務，範先則率領士兵，共有三千多人。衛固等人心中高興了，表面上侍奉杜畿，實際上卻認為杜畿沒什麼了不起，不以為意，放鬆了對他的防範。

後來，衛固要公開起兵反叛了，杜畿心中非常擔心，便勸衛固說：「要想做成大事，首先是應該不讓老百姓心亂。你現在要起兵，老百姓擔心你要征兵役，必然民心大亂。所以，不如現在用錢招兵買馬，等兵馬足夠了，再起兵不遲。」

衛固不知杜畿的真意，還認為他說得很對，便依計而行。這一拖延，幾十天已經過去了。而衛固的部將們貪婪財物，把招兵買馬的錢私吞了很多。因而，衛固錢花了不少，兵卻招來不多。

後來，杜畿又假作好意對衛固說：「每個人都戀家，諸位將軍兵吏久在外地，戀家之心必然更大。現在郡中無事，可以讓他們輪流回家探親休息，有事再召回來就行了。」

衛固害怕傷了大家的心，又聽從了杜畿的意見。杜畿於是暗中聯絡知己，私下準備。結果是他的朋友們已散至各地，等待時機；而衛固的心腹們卻都回家安樂，被離散了。

這時，反叛的高幹攻入護澤，白騎進攻東垣，上黨諸縣、弘農郡也都發生叛亂，衛固認為時機已到，便召集家中的將士起兵反叛，但卻沒有多少人回來。杜畿看到各縣已經歸附了自己，民心已定，便率領幾十人離開郡府，至張縣拒守。吏民多擁城自守，以助杜畿。

幾十天內，杜畿便得到了四千多人的兵馬。高幹、衛固等人彙兵圍攻杜畿，但由於杜畿已得民心，終沒能攻下張縣。後來，曹操的大兵到了，高幹敗走，衛固被殺，河東郡輕易便平定下來。

先哲道：「覺人之詐不形於言，受人之侮不動於色，此中有無窮意味，亦有無窮受用。」此話說的是何等精闢！當我們發覺被人家欺騙時不要立刻說出來，當我們遭受人家欺侮時也不要立刻怒容滿面。因為一個人能夠有不動聲色、吃虧忍辱的胸襟，在人生旅途中自然會有無窮意義和妙處，』而且對自己的前途事業也會大有裨益，一生受用不盡。

虞舜是一位難得的孝子，可惜他的獨眼老爸不是個慈父。他和小兒子象幾次想害死舜，可是機智聰慧的舜都化險為夷。對於父親和弟弟，他內心的孝敬和悌愛使他不忍撕破臉皮鬧翻，因為那樣，怎麼能是孝悌呢？所以他只好不動聲色，假裝糊塗，好像什麼事兒也沒發生一樣，一如既往，只是內心多了些警惕性。

有一次他們讓舜去挖井，等舜進去後便把井口堵死。象以為這次舜必死無疑，便迫不及待地到舜的屋裡想打舜的兩位妻子的主意。不料舜大難不死，從井的另一出口早已脫身回到家裡。象一進屋門，舜正在床上彈琴。

象只好尷尬地說：「我正惦記著你呢！」

舜順水推舟說：「多謝你的美意，你真是我的好兄弟，今後管理臣民的事，請你協助我一起辦吧。」

那時舜已是堯的法定接班人了，堯把自己的兩個女兒娥皇與女英嫁給了舜。舜可以說是靠裝糊塗齊家治國的第一人。

孟子在與他的學生談及此事的時候，有學生提問說舜的喜好是不是有點作偽呢？孟子答：「不是的。當年有人給鄭國的子產送了一些活魚，子產吩咐侍者放到池裡養起來，而侍者卻私自煮了吃了，回去向子產彙報說：『剛剛放進去的時候，微微地動，過了一會兒，就似乎很自在的樣子，慢慢地不見了。』子產說：『牠們得了好去處啊，牠們得了好去處啊！』侍者出來時別人說：『誰說子產聰明，我已經煮熟吃了，他還說牠們得了好去處！』」

孟子最後總結道，與人交往，不必明察秋毫，喜怒形於色，只要心裡明白，表面假裝相信對方合乎情理的藉口，也未嘗不可。何必非要表現自己什麼都知道，不給別人一個台階下呢！搞得對方很尷尬，對自己也沒有好處。

奇章公牛弘有個弟弟叫牛弼，喜歡喝酒，而且每飲必醉。曾經有一次喝醉了，射死了給牛弘駕車的牛。牛弘回家的時候，他的妻子迎上去對他說：「小叔子把牛射殺死了。」

牛弘連想也沒有想，一口答道：「正好可以做成牛肉乾。」一句話，掃卻了婦道人家將來多少唇舌。想與父母兄弟和睦相處的人，值得效法。

一個村裡有一位男人，妻子身體不好，幾乎沒有做過什麼粗活，只是在家做飯洗衣帶孩子，這在農村算是有福的女人了。可是這女人生性多事，又好護短，誰家的孩子欺負她的孩子啦，誰說了一句她家的壞話啦，她借誰家的東西人家不讓用啦，都要尋死覓活、加油添醋地向丈夫數落，並說嫁給你總是受人家的氣，我們就是好好欺負啊！

這男人血氣方剛，本是火爆性子，一點就著，總要找人家打罵一通，在表面上占了不少便宜，可是把村裡的人幾乎得罪完了。以致於幾個孩子對他們也很反感，公然叫罵：「有這樣的父母，真是倒了八輩子的楣！」幾個孩子至今也找不到媳婦。媒人來說合的本來就少，有說成的，人家一打聽村人，立刻就不願意了。假若妻子或丈夫有一個人有教養些、忍耐些、裝裝糊塗，哪裡還有這麼多閒氣和流血事件呢！不動聲色，順水推舟，得過且過，可以大事化小，小事化了啊。

遇事沈著冷靜，被認為是人生極為重要的修養。有一個詞語叫「處變不驚」，古人也是做出了很好的榜樣。

漢成帝建始年間，關內大雨連下了四十多天。京城裡的民眾無不驚慌起來，都說大水來了。百姓們到處奔走，相互踐踏，老弱呼嚎，長安城中大亂。大將軍王凰以為皇太后和皇帝以及後宮裡的人可以乘船，並要官吏和民眾上城牆去避水。

這時群臣都聽從王凰的意見，只有右將軍王商說：「自古以來，無道的國家，大水尚且不會沖進城郭，今天是何原因會有大水在一日之內就暴漲進城呢？這必定是謠言。不應當令官吏百姓上城，那樣會使百姓遭到更嚴重的驚擾。」

因此，漢成帝沒有下令。過了一會兒，秩序稍微穩定下來，派人查問，果然是謠言。於是漢成帝十分讚賞王商的冷靜沈著，遇事有主見。

唐開元初年，在民間流傳謠言，說皇上要來挑選女子去當嬪妃。皇上聽說之後，就命令選出後宮中多餘的嬪妃，送她們還家，於是謠言也就平息了。要制止誹謗，最好的辦法是自己拿出修身的實際行動來。

有很多古典戲劇說的是同一故事，其實歷史上真有其事。明熹宗天啟初年，吳中一帶流傳謠言，說皇后要來挑選繡女。民間像發了狂一樣，都害怕被選作繡女。一時間，差不多所有的姑娘都嫁出去了。這是那些惡少無妻的人所幹的，而官府又不加禁止和追查法辦。因此，在男女之間造成婚姻悲劇和不幸的人多得很。

所謂「謠言止於智者」，聰明人知道在謠言、變故面前應不動聲色，於是謠言不攻自破，變故得到消弭和處理，這難道不是大智大勇嗎？

厚黑有理

不懂得不動聲色的人太多了。他們或者想表現自己的聰明，結果證明了自己的愚蠢；或者驕傲自大，目中無人，不願意收斂鋒芒，結果成事不足，敗事有餘；或者忍受不了羞辱，口出狂言，弄得對方很尷尬，懷恨在心，伺機報復。

所以古往今來成就事業的人，都是不形於色、不形於言，善於克制自己，隱藏自己的目的和動機。形於色，形於言者，只是成事不足敗事有餘罷了。

Part

6.

厚黑交談法

01 嬉笑怒罵暗表心意

厚黑學認為，莊重嚴肅的說話方式會使人緊張慎重。如果你要與對方談的是一個非常莊重嚴肅的話題，這時你再採用一種莊重嚴肅的說話方式，對方很有可能不接受。而輕鬆幽默的說話方式，往往能引起人感情上的愉悅。只要有可能，最好能把莊重嚴肅的話題用輕鬆的形式說出來，這樣就可以使對方在嬉笑中說服自己。

戰國時期，楚國大舉入侵齊國。齊威王叫淳于髡帶上黃金一百兩，車馬一百套，到趙國去求援。淳于髡一聽，笑得前仰後合，把繫在下巴底下的帽帶子都給扯斷了。

齊威王莫名其妙地忙問：「先生，你是嫌禮品太少了嗎？」淳于髡回答說：「哪裡，哪裡。不敢，不敢。剛才我在來這裡的路上，看見有個人正跪在路邊向田神祈禱豐收。他拿了一隻豬蹄子，端起一小盅酒，嘴裡禱告著：『請神明保佑，讓我低處的田收穫滿車，高處的地收穫滿簍；五穀豐登，糧食裝滿倉。』我看到拿來獻給神的是那樣少，而想得到的卻是那樣多，覺得好笑。現在想起，還禁不住要笑。」

齊威王聽後便增加禮品，叫他帶上黃金一千兩，車馬一千套，玉璧一百對，去見趙王。趙王派出精兵十萬，來援救齊國，楚國聽到這個消息，連夜撤兵。

還有一回，齊王讓淳于髡獻上一隻天鵝給楚王。美麗的天鵝是難得的珍奇寶物，齊王鄭重其事地讓淳于髡去送，而他剛走出城門，不小心讓天鵝給飛走了，手上只剩下一個空籠子。要是別人，真不知該怎麼辦才好。可是淳于髡卻自有辦法。他帶著這個空籠子，大搖大擺地來見楚王，並叫人通報說：「齊王使者淳于髡來獻天鵝。」

楚王一看他提著個空籠子，非常奇怪，忙問：「天鵝呢？」淳于髡不慌不忙，回答說：「齊王派我送天鵝。在過河的時候，我看天鵝渴得厲害，就讓牠出來飲水，不料牠卻展翅一飛，離我遠去了。」

楚王沒好氣地說：「那你還來幹什麼呢？你不知道該當何罪嗎？」

淳于髡卻慢條斯理地說：「是的，我知道。我想過很多：我想用匕首刺穿肚子，或用繩子絞住脖子上吊自殺，可是又怕人議論我們國王因為一隻鳥的緣故而讓一個士人自殺，有傷國王的名聲；我又想，天鵝是有毛的禽類，像這一類的鳥多的是，想買一隻代替，卻又是弄虛作假而欺騙了大王您；想要畏罪逃走到其他國家去，又擔心齊楚兩國因此傷了友誼。想來想去，還是寧可空手來見您，願意領受大王您的懲處。」

楚王被他的這一番話逗樂了，忙說：「好啊！齊王有這樣的忠誠之士，可喜可賀！」楚王不僅沒有懲處他，而且還非常熱情地款待了他，還給了他許多的賞賜。

在李宗吾看來，採用「妙語解開窘迫境」的說話技巧，表面上看似隨意，其實深藏智慧，它們都是有所指的，針對性和目的性非常強，絕不是為「逗」

而「逗」，胡亂開玩笑。

宋朝著名的大文豪蘇東坡外出遊玩，玩了一整天，又累又渴，遠遠看到一個小寺廟，便喜出望外地跑過去想要討杯水喝，順便休息一下。

廟裡的老僧看到穿著極為普通的蘇東坡，對他愛答不理。為了想討杯水喝，蘇東坡只好報上姓名。老僧一聽，原來是赫赫有名的蘇大學士，瞬間變了一個樣，不僅百般殷勤地奉上好茶，還請蘇東坡到上等客房休息。

待蘇東坡欲離去時，老僧臉上的笑容甜得像喝了蜂蜜一樣，諂媚的話說了一連串，之後他又要求蘇東坡題字留念。蘇東坡面對這個勢利鬼，倒也不擺架子，立刻拿起筆來寫了一副對聯：「日落香殘，掃去凡心一點；爐寒火盡，需把意馬牢拴。」

老僧得到大學士的手跡，非常興奮，把它掛到了大堂之上，並且不時地對過往香客炫耀一番。

一天，一位文人來到寺廟裡，一見到掛在大堂中央的這副對聯，忍不住捧腹大笑。老和尚看得莫名其妙，這個文人上氣不接下氣地解釋道：「這副對聯寫得真妙，日落香殘是個『禾』字，『凡』字去了一點就是『几』字，合起來就是個『禿』字。『爐』去火是『盧』，再加上馬就是『驢』。所以，蘇大學士是在罵你『禿驢』哪！你竟然還這麼得意！真是笑死人了！哈哈……」

清代的紀曉嵐與和珅同朝為官。紀曉嵐任侍郎，和珅任尚書。有一次，兩人同飲，和珅指著一隻狗問：「是狼（侍郎）是狗？」

紀曉嵐非常機敏，立即意識到和珅是在拐彎抹角地罵自己，就給予還擊，於是，他泰然自若地說：「垂尾是狼，上豎（尚書）是狗。」

「是狼」與「侍郎」諧音；「上豎」與「尚書」諧音。和珅用諧音攻擊紀曉嵐，自以為穩操勝券，聰明卓絕，沒想到紀曉嵐用同樣的技巧以其人之道還治其人之身，使狡猾的和珅沒有占到絲毫的便宜。

厚黑有理

李宗吾認為，以惹對方發怒的方式，來觸及對方內心，這種方法固然非常危險，但是有時對某一類型的人而且又懂得把握火候，用起來也非常有效。荷姆斯曾經寫道：「誇人只需要舌頭，罵人卻需要智慧。」的確，鐘的完美不在於走得快，而在於走得準確；指責別人的話不在於髒，而在於是否能切中這個人的要害……。

02 笑語寓諷，語中帶刺

在李宗吾看來，人生活在複雜的社會環境中，如果不學會爾虞我詐的招數，就無法保護自己，更談不上實現自己的抱負。要在心理上戰勝對方，一味退讓是不可能的，必須進攻，但如果一味強攻又不一定有效。這時就可以發揮「妙語解開窘迫境」的作用，透過笑語寓諷，語中帶刺，戰勝對方，讓其警醒。

明憲宗時，太監汪直弄權，氣焰不可一世，私興大獄，無惡不作，手下的兩名爪牙王越、陳鉞分居文武要津，朋比為奸，弄得朝政日非，路人側目，敢怒而不敢言，可是憲宗猶被蒙在鼓裡。

當時有一位名叫阿醜的太監，其人多才多藝，言語詼諧，很富正義感，深得憲宗喜愛，他身為皇家紅戲子，經常在宮裡演戲。

有一次，憲宗叫大家演戲娛樂，阿醜演了一齣「醉酒」。他一出場，就左斜右傾地作醉酒狀，胡言亂語，開口罵人，妙語如珠，詼諧百出。

另一戲子扮「路人」出場，向阿醜作一怪狀，忽然那人大喊一聲：「大官出巡，肅靜迴避！」阿醜毫無感覺，不肅靜也不迴避，還指東畫西地罵：「什麼大官小官，黑貓白貓，你走你的陽關道，我過我的獨木橋，老爺在此飲酒，你還不繞道滾蛋？」

那人又喊道：「聖上駕到！」阿醜依然不動，繼續喃喃醉語：「聖上還在睡夢中哩！聖上比我還醉，比我還糊塗呢！」兩次嚇他不倒，那人大喊了聲：「汪太監到！」這下非同小可，阿醜這回面露驚惶「撲」的一聲俯伏在地上，口稱：「死罪！死罪！」

那人問他：「我剛才叫『聖上駕到』你毫不害怕，為什麼聽到『汪太監到』就怕得要死？」

阿醜即答：「我只知道有一位汪太監，哪裡知道有皇上其人？」

憲宗看到這裡很不高興，繼而一想，覺得阿醜話裡有話，從此便開始注意汪直，漸漸疏遠了他。

後來憲宗又要看戲，阿醜卻演起了武術。他手持雙斧，在舞台上耍了回功夫，然後唱起了霸腔：「本英雄汪某是也，東拿西搶，橫行天下，戰無不勝，貪無不得，全靠這兩隻板斧一好不厲害也！左手一揚，日月無光；右手一揮，人頭落地。管他血流成河，本英雄正好中流擊楫；任他屍橫遍野，我正好橫槊賦詩。」

他在台上如此耀武揚威，那配角拍手叫好一番之後，插嘴問他：「汪勇士，你說這雙斧如何了不得、不得了，究竟這兩個傢伙叫什麼名字？」

阿醜唱答：「兩對活寶是冤家，殺人放火天不怕，朋比為奸誰敢問，橫行霸道問你怕不怕？此傢伙王越、陳鉞是也！」

憲宗雖然覺得好笑，心裡卻更加明白了阿醜話中所指。等到御史徐鏞上疏奏劾汪直的時候，憲宗下決心把汪直流放到了邊疆，並將其黨羽一網打盡。

譏諷就是一種「笑語寓諷，語中帶刺」之術，其運用之妙就在於，帶「刺」

而不傷人，既達到了反對對方的目的，又不至於引起被諷刺者的惱怒。

要做到不慍不火並非易事，平常就要多學、多思考、多練習，做到多一語則廢，少一言則妄，就像說相聲一樣精采絕倫，使人笑過之後又會產生很多反思。

戰國時期，齊威王經常通宵達旦地飲酒作樂，不理國家政事，把政務都交給卿大夫。上行下效，百官荒亂，國勢日弱，諸侯紛紛入侵，國家非常危急。可是，群臣都不敢向他進諫。對主上昏庸、國家危急，淳于髡憂心忡忡，便抓住一切機會，利用各種形式，充分發揮他的口辯才能對齊威王進行諷諫。

齊威王這人很喜歡猜謎，淳于髡的諷諫就首先從說謎語入手。

有一次，淳于髡問齊威王：「都城中有隻大鳥，停歇在大王的宮殿上，三年來既不飛又不叫。大王知道這鳥是為什麼嗎？」

齊威王馬上領悟到了淳于髡的良苦用心，回答說：「此鳥不飛則已，一飛沖天；不鳴則已，一鳴驚人。」

於是齊威王開始上朝理政，糾正百官荒亂情況，有功者賞，有過者罰。他把各縣的長官七十二人召集在一起，對其中一個有功的人進行了封賞，還殺了其中一個有罪的人，齊國的狀況為之一振。

還有一次，齊威王在後宮擺酒招待淳于髡。他問淳于髡說：「先生能飲多少酒才醉。」

淳于髡答道：「我可能喝一杯就醉了，也可能喝十杯才醉。」齊威王說：「先生如果喝一杯就醉了，又怎麼能喝十杯呢！」淳于髡說：「如果是大王賞賜的酒，執法官吏站在旁邊，監禮御史站在後邊，我非常驚恐地跪在您的面前來喝，不過一杯就醉了。如果在尊貴的長輩面前，卷著袖子半跪在旁邊陪酒，到不了兩杯也就醉了。如果與久不相見的老朋友突然相會，可以喝五六杯才醉。如果是鄉親的宴會，男女混雜在一起，行著酒令，賭著投壺，分組比賽，男女握手也不會有人懲罰，相互直視也不會有人管，我心裡喜歡，喝了八杯卻只有兩三分醉意。如果從天黑一直喝到天亮，大家互相靠近，男女坐在一起，穿錯了鞋子，拿錯了酒杯，主人又留下我繼續喝，這時，我心裡更高興，能喝十杯。所以說：酒極則亂，樂極則悲，萬事盡然。」他的意思是說，凡事不可到極點，到了極點則衰，用以諷諫齊威王酗酒不理朝政，將導致國家衰亡。

齊威王聽了，深為感動，認識到酗酒害處，說：「你說得好！」從此，不再通宵達旦地飲酒，任命淳于髡主管接待各諸侯賓客。王室宗族舉行酒宴，淳于髡也常坐在一旁進行監督。

在李宗吾看來，從以上淳于髡對齊威王的諷諫，說明他很有辯才，又能說明利害，而且每次諷諫都能抓住時機，同時很講究方法。對於齊威王不理政事，他不直接指責，而是以三年不飛不鳴停於宮殿的大鳥來比喻齊威王，使齊威王認識到自己不理朝政的錯誤，也看到了自己的潛在力量。對於齊威王經常通宵達旦地飲酒，趁威王問其酒量，以「臣飲一杯亦醉，飲十杯亦醉」解釋在不同的場合有不同的酒量，最後歸納到「酒極則亂，樂極則悲，萬事盡然」的結論，終於使齊威王懂得凡事過了頭就會走向它的反面，飲酒也是這樣，而他酗酒厭政是使齊國日衰的主要原因。

三〇年代，香港有位著名的律師叫羅文錦，他才思敏捷，談吐幽默，曾成功代理了許多案件，尤其在一件「皮箱糾紛案」中，他的表現被許多人所認可。

有個英國商人威爾斯向中方茂隆皮箱行訂購三千個皮箱。沒想到，在交貨的時候，威爾斯卻聲稱皮箱內層是木質的，不能算是「皮」箱，因此向法院起訴，要求賠償百分之十五的損失。這明顯是毫無根據的強詞奪理，茂隆皮箱行的老闆無奈之下只好找到羅文錦，請他出面為自己主持公道。

當時，香港還是英國的殖民地，英國商人在那裡享有特權，很明顯法院會偏袒英國人。但羅文錦依然決定出庭為被告辯護，他要殺一殺英國人的囂張氣焰。

在法庭上，威爾斯儼然一副無賴的嘴臉，胡說八道，蠻不講理，口口聲聲說皮箱是木箱。於是，羅文錦站在律師席上，取出一只金懷錶問法官：「法官大人，這是什麼錶？」

「這是倫敦名牌金錶。可是，這與本案無關。」法官回答。

羅文錦繼續問：「這是金錶，事實沒有人懷疑。但是，請問其內部機件都是金的嗎？」

「不都是。」

「既然沒有人否定金錶內的機件可以不是金做的，那麼茂隆皮箱行的皮箱為什麼就必須全是『皮』呢？顯然是原告無理取鬧，存心敲詐。」法官無言以對，無法再偏袒威爾斯，只能裁決原告敗訴。

羅文錦所運用的正是誘人法，他先把一個金錶不全是金子的事實擺了出來，接著就可以為皮箱不可能全是皮質而做出陳述，因為法官在上面先承認了金錶不可能全是金子，要法官承認皮箱不可能全是皮質也就很順理成章。

厚黑有理

其實每個人都是有好奇心的，如果讓對方信服，可以從對方感興趣的點上說起，這樣就會使對方由不想聽變為想要聽。不自覺地，對方就會接受並認可你的意見。故佈疑陣，誘惑對方入套，是為了誘導人的探求慾望，使他落入你預先佈置好的陷阱之中，從而達到說服、勸導的目的。

03 道歉要不妨「厚」

人孰能無過，在人際交往中，與各式各樣的人接觸，難免會出現得罪人的時候，因此，人人都需要學會道歉的做人手段。誠摯的道歉不但可以彌補破裂了的關係，而且還可以促進彼此心理上的溝通，增進感情，使這種關係變得更為牢固。

李宗吾認為，一個人在說「對不起」時，眼睛不要看地上，要抬起頭，看著對方的眼睛，這樣人家才會明白你是真誠的。可見，真正的道歉藝術就在於「直率」。

掌握道歉的藝術是求得別人諒解的重要手段，由此也成為了「真情實意動真心」的重要組成部分。道歉首先要有承擔責任的誠心和勇氣。

道歉不僅不是一件丟臉的事情，反而更能表現一個人良好的人品。「負荊請罪」的典故中，人們不僅佩服藺相如的「有容乃大」，更佩服廉頗的「有過則改」的勇氣和「負荊」的真誠。

李宗吾認為，以坦率地承認過失來顯示誠心是最佳策略。實際上，既然已經犯了錯誤，拒不認帳的結果是弊大於利。首先，鑄成的大錯是人盡皆知的，抵賴只能讓人覺得你沒有骨氣。

如果犯錯誤的人證物證具存，責任又逃避不了，再抵賴也只是枉費心機。如果是雞毛蒜皮的小錯，那你就更不用頑固，頑固會在別人心目中造成更壞的印象。你敢做不敢當的印象形成後，別人就再也不敢把重要任務交給你了。

如果採取坦率地認錯的態度，可能要承擔一定的責任，但在絕大多數的情況下，別人都不會一棍子打死你，況且認錯本身就是替上司分擔責任，上司再抓住不放，也有損自己的形象。而坦率認錯的好處卻很多，首先是為自己樹立敢做敢當的形象。承擔責任，不推諉過失，上司放心，下屬和同事尊敬，認一個錯又有什麼大不了的呢？

其次，只有勇於面對錯誤，才能避免錯誤，從而提高自己的水平和能力。此外，坦率承認錯誤，雖然得到了上司的訓斥，你無形中處在受難者的地位，而眾人從心理上往往是同情弱者的，你獲得的是人心。

例如在一次戰爭中，一天下午，敵人的大炮向孫將軍的隊伍突然開始攻擊。片刻間隱伏在山脊石牆後面的亂軍步兵向孫將軍的軍隊開火，一排槍又一排槍。瞬間，整個山頂變成火海，在幾分鐘內，除了一個旅長之外，所有孫將軍的旅長都被擊倒了，五千個衝鋒的士兵中有百分之八十的人倒了下去。

孫將軍帶領著軍隊，作最後一次衝殺，他們躍過石牆，把軍帽放在他的刀頂上搖著，大呼：「殺啊，孩子們！」

士兵們跟著跳過牆頭挺著刺刀，與亂軍展開了一場短兵相接的戰鬥，最終孫將軍還是失敗了。

孫將軍極悲痛，極震驚，他向上級提出辭呈，要求另派「一個年富力強的人」。如果孫將軍要將慘痛失敗歸罪了別人，他可找出數十個藉口來。有些師長不勝任，馬隊到得太遲，不能協助步兵進攻，這事錯了，那事不對。但孫將軍沒有責備別人。當打了敗仗，帶著流血的軍隊轉折退回陣線的時候，孫將軍只是安慰他們，並自責：「這都是我的過失，」

他承認說：「我，我一個人戰敗了。」

在厚黑學看來，真正的道歉並不只是認錯，而且要勇敢地為自己的過錯承擔責任，承認自己的言行給對方造成了不必要的損失。只有敢於承擔責任，才能表現出你對雙方關係的重視，這樣不僅可以彌補破裂了的關係，而且還可以增進感情。在必要的時候，適當地拔高自己的錯誤，可以顯示自己的誠心，從而求得對方諒解。

約翰先生就是這樣做的。

從我家步行不到一分鐘，就有一片森林。春天來臨之時，野花盛開，松鼠築巢育子，馬草長到馬首那麼高，這塊完整的林地，叫做森林園。

那真是一個森林園，我發現它時就像哥倫布發現了美洲大陸。我常帶著我的波斯狗瑞克斯到園中散步，牠是一隻和善無害的小犬。並且園中不常見人，我總是不給牠繫上皮帶或嘴套。

一天，我們在園中遇見一位權威的員警。

「你不給那狗戴上嘴套，也不用皮帶繫上，還讓牠在園中亂跑，這是什麼意思？」他責問我說，「你不知道這是犯法的嗎？」

「是的，我知道是犯法的，」我輕柔地回答說，「但我想牠在這裡不至於產生什麼傷害。」

「你想不至於！你想不至於！法律可不管你怎麼想。那狗也許會傷害松鼠，或咬傷兒童。這次我放你過去，但如果我再在這裡看見這隻狗不戴嘴套，不繫皮帶，你就得去和法官講話了。」

我謙遜地應允遵守他的命令。

而我真地遵守了幾次。但瑞克斯不喜歡嘴套，我也不喜歡，所以我們決意碰碰運氣。

起初倒沒什麼，後來發生了一件事情。

一天下午瑞克斯跟我跳過一個小丘，忽然間，我驚惶地看見了「法律的權威」，他騎著一匹栗紅色馬。瑞克斯在前面正向著那員警衝去。

我知道事情已毫無辦法了，所以我沒等員警開口說話，就先發制人。我說：「警官，你已當場把我抓住了，我是犯了法，我沒有推辭，沒有藉口。你上星期警告我如果我再把沒有嘴套的狗帶到這裡，你就要罰我。」

「哦，現在，」這員警用溫柔的聲調說，「我知道周圍沒有人的時候，讓這樣一隻小狗在這兒跑一跑，是一件誘人的事。」

「那真是一種引誘，」我回答說，「但那是犯法的。」

「像這樣一隻小狗是不會傷人的。」員警辯護說。

「不，但牠也許會傷害松鼠。」我說。

「哦，現在，我想你對這事太認真了，」他告訴我說，「我告訴你怎樣辦，你只要使牠跑過那土丘，使我看不見牠，我們將這事忘卻就算了。」

以厚黑學的角度看來，約翰為了免於被責，用的是先將自己的錯誤「加重」，使對方覺得自己受到尊重，從而表現出寬容的態度。由此可見，當發現自己可能會被人指責時，不妨先數落自己一番，當對方發覺你已承認錯誤時，便不好意思再指責你了。

厚黑有理

有人能夠充分認識到道歉的重要性，也認識到自己的錯誤，也誠心想要道歉，就是躲躲閃閃、羞羞答答不知道如何開口。這就要用到巧妙的說話藝術了。

04 抓住要害一舉制勝

俗語說：「牽牛要牽牛鼻子，打蛇要打七寸處。」應以己之長，克彼之短，對待剛烈之人如果以硬碰硬，勢必會使雙方共同失去理智，頭腦不清，做事不計後果，最終各有損傷，事情也必然鬧砸。倘若以柔和之姿去面對剛烈火爆之人，則會是另一番局面，恰似細雨之於烈火，烈火熊熊，細雨濛濛，雖說不能當即將火撲滅，卻有效地控制住了火勢，並一點點地將火滅去，但若暴雨一陣，火滅去，又添水氾濫之災，一浪剛平又起一浪，得不償失。

生活中的許多日常用品、用具都安有把柄，方便使用。在人情關係學中，也可使用尋找把柄、製造把柄的手段，使其為我所用，聽我調遣。

朱博，本是漢代的一介武將，後來調任左馮翊地方文官，他利用一些巧妙的手段，制伏了地方上的惡勢力，被人們傳為美談。

尚方禁出生在長陵一帶的大戶人家，年輕時無惡不作，一次在強姦別人妻子時，被人用刀砍傷了面頰。如此惡棍，本應重重懲治，只因他大大地賄賂了官府的功曹，而沒有被革職查辦，最後還被調升為守尉。

朱博上任後，有人向他告發了此事。朱博覺得太沒有天理了，就去見尚方禁。尚方禁心中七上八下，硬著頭皮來見朱博。朱博仔細看尚方禁的臉，果然發現有傷痕。就將左右退開，假裝十分關心地詢問究竟。

尚方禁做賊心虛，知道朱博已經瞭解了他的情況，就像小雞啄米似的接連給朱博叩頭，如實地講了事情的經過。頭也不敢抬，只是一個勁地哀求道：「請大人恕罪，小人今後再也不幹那種傷天害理的事了。」

「哈哈哈……」朱博突然大笑道，「男子漢大丈夫，本是難免會發生這種事情的。本官想為你雪恥，給你個立功的機會，你能自己效力嗎？」

於是，朱博命令尚方禁不得向任何人洩漏今天的談話情況，要他有機會就記錄一些其他官員的言論，及時向朱博報告。尚方禁已經儼然成了朱博的親信、耳目了。

自從被朱博寬釋重用之後，尚方禁對朱博的大恩大德時刻銘記在心，所以做起事來特別賣命，不久就破獲了許多起盜竊、強姦等犯罪活動，工作十分見成效，使地方治安情況大為改觀。朱博遂提升他為連守縣縣令。

又過了很長一段時間，朱博突然召見那個當年受了尚方禁賄賂的功曹，對他進行了獨自的嚴厲訓斥，並拿出紙和筆，讓他把自己受賄的事情一一寫出來，不能有絲毫隱瞞。

那位功曹早已嚇得剩半條命，只好提起筆，寫下了自己的斑斑劣跡。

由於朱博早已從尚方禁那裡知道了功曹貪污受賄的事，所以，看了功曹寫的資料，覺得大致不差，就對他說：「你先回去好好反省反省，聽候裁決。從今起，你一定要改過自新，不許再胡作非為！」說完就拔出刀來。

功曹一見朱博拔出刀來，嚇得兩腿一軟，又是鞠躬又是作揖，嘴裡不住地喊：「大人饒命！大人饒命！」

只見朱博將刀晃了一下，一把抓起功曹寫下的罪狀資料，三兩下，將其撕成紙屑，扔到紙簍裡去了。

自此後，那位功曹終日如履薄冰、戰戰兢兢，工作起來盡心盡責，不敢有絲毫懈怠。

抓刀要抓刀柄，制人要拿把柄。智者在對手身上發現了弱點，從不會輕易放過，而足用其弱點「拿住」他為我所用。

每個人都想掩蓋自己的弱點和醜處，更有些心智狡猾的人城府很深，很難讓人抓住把柄，可是再狡猾的狐狸也會露出尾巴。

一位富婆纏著一年輕男子多年。這男子不堪忍受這種金錢與肉體的交易，與另一女子開始了戀愛。富婆由妒生恨，設計陷害這位年輕人。

一天晚上，她邀請年輕人前往別墅欲行床笫之歡。年輕人不答應她的要求，富婆便將他以強姦之名告上法庭。

法官問：「被告，你強姦她沒有？」

年輕人回答說：「強姦了。」

法官又問：「強姦幾次？」

此時，年輕人裝作虔誠的樣子，回答說：「只此一次，望法官念我初犯，從輕處罰。」

此語一出，富婆在廳下大喊：「我倆同居多年，他強姦我足有幾百次了！」結果，富婆不打自招，年輕人被判無罪，也由此擺脫了富婆的糾纏，與自己喜愛的女孩喜結連理。

有些時候，找到事情的出口，對成事有很大的幫助。

任何一個談判者，不僅應該清醒地意識到在談判中自己究竟要得到什麼，而且還要明確自己究竟能夠給對方什麼。因為談判是彼此利益、需要的交換。自己的要求自己最清楚，而對方的要求則難以把握。因此，就一場談判來說，最重要的或許就是發現對手的需要，有的時候甚至要以有意識的行動創造對手的需要。

在談判中要能隨機應變，抓住對方的弱點給予打擊，有氣功中點穴手段的奇妙效果。有些弱點是事先已經被我方掌握的，而有些弱點則是在對招之中對方暴露出來的，我方要隨時發現把柄。

兩雄爭辯，是雙方理與氣的較量，理是氣的內核，氣是理的鋒芒，理直就氣壯，理屈則氣餒；但在一定條件下，氣盛也能使理壯三分。出色的談判家常常著意尋找對手的有關弱點，狠狠一擊，譬如釜底抽薪，使對方的銳氣頃刻消失，束手就範。

所謂有關的弱點，是指對手論點上的錯誤、論據上的缺失、論證上的偏頗或其本身性格、行為、感情上的各種侷限。諸葛亮舌戰群儒的故事，是很值得欲施把柄的談判人員研習的。

初到江東的諸葛亮，作為弱國的使者，而且獨自一人，看上去給人勢單力孤的感覺。那些欺軟怕硬的謀士們，倚仗著人多勢眾，在自己的地盤，個個盛氣凌人。

諸葛亮決心先打掉他們的氣焰，所以他出手凌厲，制人要害，像張昭這樣的江東首席謀士，憑他的囂張氣勢，也不過勉強與諸葛亮周旋了三個回合。

他突出的弱點就是主張降曹，投降是既無能又無恥的表現。諸葛亮看準了這一點，在歷數劉備一方怎樣仁義愛民、艱苦抗擊曹操之後，話鋒一轉：「蓋國家大計，社稷安危，是有主謀。非比誇辯之徒，虛譽欺人；坐議交談，無人可及；臨機應變，百無一能，誠為天下笑耳！」一下子點到了張昭的痛處，使他啞口無言。

接下來的虞翻、步騭、薛綜、陸績、嚴畯、程德樞之流，都不是諸葛亮的對手。如薛綜與陸績出於貶低劉備，抬高了曹操的身份，這就犯了當時士大夫階層中的輿論大忌。諸葛亮一把抓住這點，斥責他們一個是「無父無君」，一個是「小兒之見」，說得兩個人滿面羞慚，先後「語塞」。

嚴畯與程德樞完全是迂腐儒生，其中一個問諸葛亮：「適為儒者所笑?」諸葛亮尖銳地指出：「尋章摘句，世之腐儒也，何能興邦立事……筆下雖有千言，胸中實無一策……」準確有力地擊中對方的弱點，使對方垂頭喪氣，理屈詞窮。

厚黑有理

在一場唇槍舌劍中，對手總有說漏嘴的時候，這正是窮追猛打的好機會。這種辦法用以對付傲氣十足的對手較易奏效，因為對方一被抓到把柄便像鬥敗的公雞一樣，垂頭喪氣，沮喪不已。因此，一旦抓住他們的弱點，傲者比謙虛的人更容易打敗。

05 多聽少說以黑制黑

厚黑學認為沉默是金。詩云：「此時無聲勝有聲。」默默無言反而會使對方摸不著邊際，高深莫測，使其懾服。老子曰，「大辯不言」，也就是這個道理。

過去，心理學家常常認為我們應該把自己的事情講出來，告訴別人，但現在人們逐漸發現在與別人的交往中有時更需要忍耐和沉默。沉默不是無奈，不是軟弱，而是一種內在的抗爭，能起到舌頭無法起到的作用。

生活中，狹義的沉默就是徐庶進曹營一言不發，即緘口不語。廣義的沉默則是不透過言語，而是綜合運用目光、神態、表情、動作等各種因素，或明或暗地表達自己的思想感情。

在生活中，沉默具有豐富的內涵，作用也十分明顯。一是沉默可以用來避免衝突升級，二是沉默可以用來做暗示性表態。這裡有一個故事：

古時候，有個農民牽著一匹馬到外地去，中午走到一家小酒店去用餐，這時一個商人騎著一匹馬過來，也將馬往同一棵樹上拴。

農民見了忙說道：「請不要把你的馬拴在這棵樹上，我的馬還沒有被馴服，牠會踢死你的馬的。」

但那商人不聽，拴上馬後也進了小酒店。

一會兒，他們聽到馬可怕的嘶叫聲，兩人急忙跑出來一看，商人的馬已被踢死了。商人抓住農民就去見縣官，要農民賠馬。縣官向農民提出了許多問題，可是問了半天，農民裝作沒聽見似的，一字不答。

縣官轉而對商人說：「他是個啞巴，叫我怎麼判？」

商人驚奇地說：「我剛才見到他的時候，他還說話呢。」

縣官接著問商人：「他剛才說了什麼？」商人把剛才拴馬時農民對他說的

話重複了一遍。

縣官聽後將驚堂木一拍，說：「這樣看來是你無理了，因為他事先曾警告過你。因此，現在他是不應該賠償你的馬的。」

這時農民也開了口，他告訴縣官，之所以不回答問話，是想讓商人自己把事情的所有經過講清楚，這樣，不是更容易弄清楚誰是誰非嗎？

沉默有時會產生更完美的和諧，更強烈的效果，就好像音樂中音符與休止符一樣重要。這其實也是一種很高明的糊塗術。因此，在日常交際中，遇到自身難以說清是非的問題時，不妨也像這位農民一樣，以無言應喧嘩。

常看恐怖片的朋友，一定會有這樣的體驗：最令人毛骨悚然的場景，往往是那些落一根針都能聽見的寂靜無聲。這個道理在恐嚇中也頗為靈驗。

在生活中對某些氣勢洶洶來找碴兒的人，如果你不動聲色，不理不睬，便會產生比以硬對硬更大的震懾力量，也就是說沉默成為最為強硬的武器。

日本航空界的三位紳士曾用此法，擊敗了美國一家企業一些精明強幹的人。談判剛剛開始，美國公司的談判人員介紹本公司的產品。他們利用了圖表、圖案、報表，並用兩個幻燈放映機燈在螢幕上以圖文並茂，持之有據，來表示他們的開價合情合理，品質優良。

這一推銷性的介紹過程整整持續了兩個半小時。在這過程中，三位日本商人一直安靜地坐在談判桌旁，一言不發。介紹結束了，美國方面的一位主管充滿期待和自負地打開了房裡的燈，轉身望著那三位不為所動的日本人說：「你們認為如何？」有位日本人禮貌地笑笑，回答說：「我們不明白。」

那位主管的臉頓時失去了血色：「你們不明白？這是什麼意思？你們不明白什麼？」

另一個日本人也禮貌地笑笑，回答道：「這一切。」

那位主管的心臟幾乎要停止跳動了，問：「從什麼時候開始？」

他倚牆而立，鬆開了昂貴的領帶，氣餒地呻吟道：「那麼……你們希望我們怎麼辦？」

三個日本人一齊回答：「你們可以重放一次嗎？」結果，美國公司士氣被挫，要價被壓到了最低。

在人們慣用的思維裡，好像談判中只有處於優勢，才能壓倒對方，控制左右局面，最後取得成功。實際此言差矣。如果遇上了一個強於你的對手，向他適當示弱，或許是制勝的法寶。

無知不是福氣，但在談判中，無知有時是個可供選擇的手段。三位精明的日本人在不可一世的美國人面前展現了無知，以漠然對待自傲自負，使對方也安靜下來，從而佔據了有利的地位，最終獲得了成功。這種出奇制勝的原因何在？以靜制動，失其銳氣，後發制人。

曹操向來都是很欣賞曹植的敏捷才思的，很想把王位傳給他。而法定繼承人曹丕在詩詞方面比曹植差很多。曹丕的謀士吳質卻很會揣摩曹操的心理，他揚長避短，為曹丕設計了恰當的表現內容，並逐步使曹丕代替了曹植在曹操心目中的地位。

一次，曹操要帶兵出征，曹丕和曹植為父親送行。曹植出口成章，頌揚曹操的功德，曹操聽了很是高興。要說曹植這馬屁拍得很準，讓後面出場的曹丕很不好辦，然而吳質卻在曹丕耳旁告訴他，待會兒只要痛哭就行了，什麼都不用說。

曹丕一點就通，在曹操面前哭得是昏天黑地，對曹操的眷戀之情表現得淋漓盡致。曹操和眾人都被這場面所感動了。

剛才對曹植的良好印象被這「淚水」沖得一乾二淨，曹操及眾人反而認為曹植的華麗辭藻顯得華而不實了。

人說沉默是金。是的，有時沉默也是一種解決問題的好辦法。你覺得一個人多說話好還是沉默好？以說話是鐵，沉默是金的說法那便是沉默比多話好。人之言語即是他行為的影子，我們常因言多而傷人，言語傷人，勝於刀槍，刀傷易癒，舌傷難痊。

一個冷靜的傾聽者，不但到處受人歡迎，且會逐漸知道許多事情。而一個喋喋不休者，像一艘漏水的船，每一個乘客都會趕快逃離它。同時，多說積怨，瞎說惹禍。正所謂言多必失，多言多敗。只有沉默，才不至於被出賣。

厚黑有理

保持沉默便是保持不傷人的最好方式。有道德的人，絕不泛言；有信義者，必不多言；有才謀者，不必多言。多言取厭，虛言取薄，輕言取侮，唯有保持適當的緘默，別人將以為你是一位哲學家。

我們的說話絕對要適量，沒把握的事不要亂開口，尤其當有陌生人比我們有經驗和更多瞭解的人在座時，因為我們多說了，便是不打自招，揭露了自己的弱點及愚蠢，並失去了一個獲得智慧及經驗的機會。

厚黑學

Part 7.

厚黑論辯法

01 厚黑出擊，占得先機

昔日的趙國毛遂，用三寸之舌贏得百萬救兵；一個中國律師，用一人之辯從大洋彼岸討來人間公道。

一九九五年，上海金石化工公司下屬一家建築公司為崇明一家工廠安裝廠房。沒想到工字梁的鋼鑄頂端和底都是虛焊，鋼鑄梁掉了下來，壓在一個年僅二十八歲的年輕人身上，造成癱瘓。

於是金山石化向上海市人民法院提起訴訟，要求美國CC公司對該工人進行人身賠償。CC公司就是與金山石化進行鋼製廠房交易的美國銷售公司。

上海「段和段」律師事務所的段祺華本來是CC公司的法律代理，他研究案情之後，發現自己這一方肯定不會輸，因為對方告錯了人。他完全有把握打贏這場官司，但他不忍心看著一個生氣勃勃的年輕同胞從此只能躺著終了人生，總得有人負責任吧。段律師建議原告聯合起來，到美國去告製造商。他願意做雙方的法律代理人。

一九九六年一月三十一日，在起訴時效最後幾個小時內，段律師將訴狀遞上了美國西雅圖法庭。當時，對方請了美國一家律師事務所駐中國辦事處的律師做代理。雙方先在法官的主持下進行調停。對方律師明明是個中國人，可是他說中國工人不值錢，賠十萬元人民幣就夠了。

段律師非常生氣，質問他：「你是不是中國人？你不要拿你一九八〇年出國時的眼光來看今天中國人的收入。那時十萬元是錢，現在不一樣了。按照美國標準，一個全部癱瘓病人的賠償應該是一百萬到一百五十萬美元。你們至少應該賠償五十萬美元。」對方不幹，段律師又放寬到四十萬美元。最後他們提出最多只能賠十五萬美元。那次調解沒有成功，因為差距很大。

中國工人到底值多少錢？在法庭上，對方律師一直咬住十萬元人民幣不鬆口。段祺華律師慷慨激昂地反駁道：「我們看六七十年代的韓國和日本，他們那時工人的工資與今天的中國是一樣的。發展到九〇年代的時候，日本建築工人的工資遠遠超過美國，這就是一個國家的發展軌跡。中國也是如此，所以，你不能按照今天的工資水平來賠償。很簡單，一九八七年這個工人開始工作的時候，每個月六十元人民幣，今天他拿二千多元。照這個發展速度，你應該賠五百萬美元才能趕得上。將來中國工人的工資水平必將超過美國。為什麼？這很簡單，現在美國每年的經濟發展速度只有一到二個百分點，中國是十幾個百分點，特別是上海地區，都在十四到十五個百分點，過去十年是這樣，將來十年還會如此，趕上美國不是太遙遠的事情。我是個律師，一九八八年我的工資是一百五十元人民幣，現在我的祕書一個月的工資三千元，比我當年當律師的時候高二十倍。而我現在在上海做律師，你們在座的美國律師收入也未必趕得上我。」

法庭上的所有人被段律師的陳詞震撼了，對方律師啞口無言，他們主動提出和解。

這一場舌戰，段祺華律師為受傷的中國工人索回了二十九萬美元的賠償金，為同胞討回了公道。段祺華律師以他的雄辯讓美國人明白了一個事實：中國人同樣有著高貴的人格和價值。

段祺華律師在這一場舌戰中取勝的關鍵是：

其一，他具有強烈的民族自尊心和自信心，敢於為受難的同胞伸張正義，理直氣壯，義正詞嚴，使他的論辯具有一種正氣凜然的力度。

其二，他善於運用「資料語言」來進行論辯。用確認的資料來代替無可辯駁的事實，具有很強的說服力。而他運用「資料語言」進行論辯又是十分機動靈活的，主要有以下特徵：

㈠算總帳，從動態的大背景中分析問題。段律師不把索賠問題放在孤立、靜止的層面上去思考，而是放在世界經濟發展的動態大背景中去分析研究。從韓國、日本六、七十年代到今天的經濟發展，從中國過去十年的發展趨勢來算總帳。指出對方不能按今天中國工人的工資水平來賠償，而應以發展的眼光來看問題。

㈡算細帳，以具體的個人為例說明問題。段律師以該工人一九八七年的工資與現在工資的變化資料和他本人及他的祕書的工資等具體情況為例，具體地說明了中國人的收入並不低，且還有進一步提高的可能性。因此，討論索賠問題，必須正視這樣的現實。

㈢巧對比，在縱橫比較中明事理。段律師還善於利用資料的可比性，進行縱向和橫向的綜合對比來說明事理。

比如：從歷史發展的縱向看，今天中國工人的工資與六、七十年代的韓國、日本差不多，而現在日本建築工人的工資遠遠超過美國，那麼不久的將來，中國工人的工資水平也會如此；從經濟發展的橫斷面看，中國每年的發展速度是十幾個百分點，遠遠高於美國（一至二個百分點），那麼將來中國工人的工資水平必將超過美國。

從個人的收入狀況看，段律師本人十年前月工資一百五元，而現在他的祕書工資是他當年的二十倍，這是縱向人的比較，而在座的美國律師收入未必趕得上他，又是縱橫比較，透過這樣縱橫比較，使事理越辯越明。

厚黑有理

枯燥的資料有時具有極強的說服力，這些資料可能會改變了對方的偏見，所以不可小看一些微不足道的資訊。多收集橫向及縱向的資料，相信一定會讓事實更為明顯。

02 不動聲色打太極

面對咄咄逼人的攻勢，以柔克剛的太極推手能把對方的勁道化解於無形。避其鋒芒、旁敲側擊，看似平靜的回答能起到「無招勝有招」的效果。

一、有意曲解

曲解含諷即在詞語的含義上做文章，也在詞語的轉義上做文章。一九八四年雷根為了競選總統，與對手蒙代爾進行電視辯論。

在辯論中蒙代爾自恃年輕力壯，竭力攻擊雷根年齡大，不宜擔此重任。雷根回答說：「蒙代爾說我年齡大而缺乏精力，我想我是不會把對手年輕、不成熟這類問題在競爭中加以利用的。」

這一絕妙的回答立即博得全場的熱烈掌聲。最後，選民們接納了雷根。蒙代爾在電視辯論中，只是說「雷根年齡大，不宜擔此重任」，並沒有說自己「年輕，不成熟」。雷根的奇招就在於對蒙代爾的有意曲解進行嘲諷。表面是說不利用「對手年輕、不成熟」，實際正是在於揭露「對手年輕、不成熟」，以守為攻，以柔克剛，終於達到贏得辯論且贏得選民的目的。

威爾遜任新澤西州州長時，他接到來自華盛頓的電話，說新澤西州的一位議員、即他的一位好朋友剛剛去世了。威爾遜深感震驚和悲痛，立即取消了當天的一切約會。然而幾分鐘後，他接到了新澤西州的一位政客的電話：

「州長，」那人結結巴巴地說，「我……我希望代替那位議員的位置。」

「好吧，」威爾遜對那人迫不及待的態度感到噁心，他慢吞吞地回答說，「如果殯儀館同意的話，我本人是完全同意的。」正沉浸在好友議員去世悲痛中的威爾遜，突然接到迫不及待想頂替死者當議員的政客的電話，他就有意曲解「位置」一詞，將政治家覬覦的「議員位置」轉義為「殯儀館的位置」，用詼諧的幽默，表達了對這位新澤西州政客的反感與嘲笑。

二、模糊語言，似答未答

南齊時，有個著名書法家叫王僧虔，是晉代王羲之的四世族孫，他的行書楷書繼承祖法，造詣頗深。

當時南齊太祖蕭道成也擅長書法，且自命不凡，不樂意自己的書法遜於臣子。一天齊太祖提出要與王僧虔比試書法。寫畢，齊太祖傲然問王僧虔：「你說說，誰第一？誰第二？」

王僧虔既不願抑低自己，又不願得罪皇帝，他眉頭一皺，說：「臣的書法，人臣中第一；陛下的書法，皇帝中第一。」

太祖聽了，只好一笑了之。

皇帝要比書法，而且還問誰好，這本身就是一個出奇的、挺難回答的問題。誰第一，誰第二，對於一個爭強好勝的人，特別是一個爭強好勝的皇帝來說，是一個至關重要乃至要命的問題。如實說自己第一吧，開罪皇帝難免不起禍端；說皇帝第一吧，又有懾於皇權、趨炎附勢之嫌。

「臣的書法，人臣中第一；陛下的書法，皇帝中第一。」對奇問做奇答，似回答實未答，模糊應對，出奇制勝。

所以連皇帝也只好「一笑置之」。

三、笑聲中表達觀點

這在針鋒相對的論辯中具有奇妙的功效，不僅可增強說服力，巧妙地反駁對方，而且會贏得聽眾的興趣和贊同。

論辯當然主要是為了探求真理，但也是為了比賽技巧和才力，所以它應有一定的藝術性和娛樂性。觀眾很想從雙方的論辯中獲得愉悅。因此，高明的論辯者應該滿足觀眾的心理欲求，盡力使自己的語言機智幽默、妙趣橫生，以便獲得最佳效果。

在一九八八年度亞洲大學生辯論會上，復旦大學隊和對方辯論「龐大的人口是第三世界國家的負擔」時，有個隊員笑著說：「現在在外面準備了兩百人的茶點，如果現在的人數急劇增加到一千人的話，那我可能就吃不著了。」這話引起觀眾滿堂笑聲，報以熱烈鼓掌。

論辯中很需要這一類反應機敏的幽默語言，它不僅能以調侃、輕鬆的態度反駁對方，活躍氣氛，而且能在觀眾和評審面前表現出一種灑脫自如、才華橫溢的自我形象。但須注意幽默不同於滑稽，也不同於諷刺，而是一種言簡意賅、饒有情趣的傳遞藝術和豁達而機敏的做人的風度。

一九九○年亞辯賽中，南京大學隊與澳門東亞大學隊對壘。南大隊的戰略要「避虛就實」，準備的實證資料比較多，因此很容易造成論辯風格上過於嚴肅的情況。針對這點，他們在賽前設想了一些生動、詼諧的語句，在賽場上達到了揮灑自如、機智幽默的境界。

如他們在說明了新加坡一九八五年經濟衰退後召開了一千多位學者參加的「經濟對策研討會」後，馬上接上一句：「如果儒家思想真有對方所說的功效，那麼他們召開的不就應該是儒家思想研討會了嗎？」在指出四小龍都奉行「出口導向戰略」時，連帶著加一句：「如果儒家思想能夠推動經濟的快速成長，那麼其他國家只要多進口幾本《論語》、《孟子》，保證人手一冊，經濟快速成長不就十拿九穩、萬事大吉了嗎？」引起了觀眾們的熱烈掌聲。

還有，對方指出：「儒家思想提倡『返本以開新』，它本身是發展的啊！」

南大隊馬上接著說：「它是發展的，不過讓我們看看它是怎樣發展的「孔子說『男女授受不親』，孟子發展了，提出『嫂溺，叔可援之以手』。可是這種發展還是無助於經濟快速成長啊？」

對方又指出：「儒家提出『修身、齊家、治國、平天下』，修身和齊家雖然不能推動經濟成長，可是它也有治國、平天下的思想啊！」

南大隊員則不急不徐地反駁道：「還是讓我們來看看什麼是儒家所謂的天下大治吧。按照孔子的說法，無非是行周代的禮法，乘商代的車子，戴夏代的帽子，再來上一段堯舜時代的歌舞，這怎麼能帶來經濟快速成長呢？」

一陣掌聲過後，這位隊員又說：「據我們所知，新加坡用的是西元曆法，愛乘的是賓士和三菱牌轎車，並且沒有戴帽子的習慣，這怎麼能說是儒家的天下大治呢？」一席話博得了台下一片掌聲和笑聲。凡此種種，都對這場論辯取勝起了不少的作用。

四、動作代替語言

用動作或方式來表達自己的意思，不置言語，此技巧多用於只可意會不可言傳或不願多說的論辯當中。

當富蘭克林・羅斯福第四次連任美國總統時，《先鋒論壇報》的一位記者去採訪他，請總統談談四次連任的感想。羅斯福沒有立即回答，而是很客氣地請記者吃「三明治」。

記者得此殊榮，便高興地吃了下去。總統微微笑著請他再吃一次。他覺得這是總統的誠意，盛情難卻，就又吃了一塊。當他剛想請總統談談時，不料總統又請他吃第三次，他有些受寵若驚。雖然肚子裡已不需要了，但還是勉強把他吃了。這時羅斯福才微笑著對記者說：「現在，你不要再問我對於這第四次連任的感想了吧?!因為你剛才已感覺到了。」此謀運用得當，可收出其不意、高人一籌的效果，減少許多糾纏不清的語言麻煩。

英國人約瑟夫・艾迪生講過這樣一句話：「假如把人的智力平面展開，智者與愚人的智力之間，我們僅能見極微小的差異。這差異在於前者懂得如何選擇談話的題材……而後者只是把他的想法點滴不漏地轉為言語。」

美國總統林肯早年當律師時，有一次作為被告的代理人出庭，他發現原告律師在法庭上將一個簡單的論據翻來覆去地陳述了兩個多小時，他站起來，先把外衣脫了放在桌上，然後拿起玻璃杯喝了一口水，接著重新穿上外衣，然後又喝，再將外衣脫下，再喝一口水……這樣的動作反覆進行了五、六次，旁聽群眾見此狀況，立即明白了林肯的用意，突然爆發出一陣會意的大笑，接著林肯才發表他的辯詞。

林肯用這些重複的動作，狠狠地回敬了對方律師論據的不足，勝過千言萬語，給對方造成心理上的失態，使自己在心理上先勝一籌，處於優勢。

運用這一謀略，可在論辯中控制論辯對象，贏得論辯的勝利。美國大律師赫梅爾接受一家保險公司委託，在調查一起保險賠償案件時，發現原告所稱他的肩膀被捧下來的昇降機軸打傷，至今右臂仍抬不起來的事實有詐，赫梅爾就在法庭上巧妙地運用這一謀略，機智地戳穿了原告的謊言。

他說：「請給陪審員們看看，你的右臂現在能舉多高？」赫梅爾要求原告舉起受傷的右臂，原告慢慢地將手臂舉到齊耳的高度，原告顯得很費勁的樣子，以示不能舉得更高了。

「那麼，你在受傷前能舉多高呢？」赫梅爾突然出其不意地問。原告不由自主地將手臂舉過了頭頂。這一下，引得旁聽的群眾哄堂大笑。陪審員們醒悟過來，原告第一次舉手是假的。

美國一位大學校長運用實際表演法作報告，也收到很好的效果。在一次集會時，校長面容嚴肅，戴方帽、穿禮服登台，只講了幾句開場白，就從口袋裡掏出筆記本寫著什麼，然後把筆記本丟在地上。又掏出香蕉吃，把皮隨手扔掉，接著是嚼糖果、花生，最後竟把泡泡糖的渣也吐在台上，還用腳踩了踩。

在學生們再也看不下去時，校長開口了：「各位同學，大家已經看清楚什麼是不道德了，從現在起，我們要共同維護校園的整潔，報告完畢。」

某廠正在舉行一次演講比賽。這時，一位女選手走上台。「我給大家演講的題目是《論堅守崗位》。」女選手嗓音甜潤，吐字清晰。

突然，她停止了演講，走下講台，逕自向會場外走去。台下的聽眾面面相覷，先是小聲議論，繼而喧聲四起。

幾分鐘後，她才慢吞吞地回到台上，面對激怒的聽眾，充滿激情地說：「如果我在演講時離開講台是不能容忍的話，那麼，工作時間紀律鬆弛，怠忽職守，擅離生產崗位，難道就不應該譴責嗎？我的演講講完了。」人們沉默了一會，隨即爆發了雷鳴般的掌聲。

厚黑有理

大語不言的高明處，就在於它能把表達意思的動作和方式作為「談話的材料」，而不是讓施謀者把自己的想法點滴不漏地轉變為言語。

03 以黑制黑，克敵制勝

在日常生活中或者一些商業談判中，談話對方不時會提出一個或幾個「刁鑽問題」，企圖陷你於「不答過不去，答又難過去」的窘境。

一、明理駁「刁」

一八四七年，林肯與民主黨的卡特萊特對壘，競爭國會眾議院席位。卡特萊特是一個有名的舊派巡迴牧師，也是一個富有能量的煽動家。他不斷散佈謠言，說林肯只相信上帝，但不承認耶穌，不承認贖罪和報應的基督教教義。

他舉行了一次宗教集會，特邀林肯參加。會上，卡特萊特面對聽眾煽動說：「一切不願下地獄的人，請站起來！」除林肯之外，所有的人都站起來了。

卡特萊特又以挑釁的口氣說：「我看到除林肯先生之外，你們所有的人都表示不願下地獄。林肯先生，我要問你，你要到哪裡呢？」

林肯不急不徐地從座上站起來，做了這樣的回答：「我認為應該以嚴肅的態度對待嚴肅的宗教問題，但我並不感到必須像其他人一樣來回答問題。卡特萊特先生問我要到哪裡去，我可以坦率地告訴你：我要到國會去。」

在這裡，林肯先是一語破的地指明對手不該抱著不嚴肅的態度對待嚴肅的宗教問題，然後用一「但」字說明對方不該像要求其他人一樣來要求他回答問題；最後言簡意賅地向對方表明要到國會去，而這是卡特萊特先生不該阻擋也無法阻擋的。

林肯先明理駁刁，又駁刁明理，把卡特萊特的荒謬可笑提示在聽眾面前，也就難怪他張口結舌，在一片哄笑中灰溜溜地離開了會場。

二、借「刁」發揮

艾倫第一次參加議員競選時，跟他爭一席之位的是他服兵役隊的上司陶克將軍。陶克在美國南北戰爭期間擔任北軍將領，後又擔任過數屆國會議員。艾倫不過是陶克部下的一個無名小卒，又是首次參加議員競選。

在競選演說時，陶克說：「諸位親愛的同胞，我相信你們一定還記得，十七年前的昨天夜裡，我正率領我的士兵在山上與敵人浴血奮戰，那次戰鬥勝利後，我們只能在山上的樹叢中露宿。如果還沒有忘記那次艱苦卓絕的戰鬥，諸位在投票時，請不要忘記吃盡苦頭為國家帶來和平的人！」

選民們高呼：「我們要陶克，我們要陶克！」

別激動，聽聽艾倫的演說：

「女士們，先生們：陶克將軍剛才說得沒有錯，他的確在那場戰鬥中立下了戰功。但當時，我是他手下的一員。當戰鬥結束、他在樹叢中安睡時，是我滿身鮮血，緊握武器，整夜保護他。諸位想想當時的情景。如果你們佩服陶克將軍，當然應該選取他，相反，如果認為像我這樣的士兵更值得欽佩，當然要選我了，我可以對你們的信任當之無愧！」

在這裡，艾倫籠統地肯定了陶克的戰功，也就是為他報了喜。然而，卻在「但是」後面大作了具體的文章，實際上也就為他報了憂。因而，顯得陶克表功有餘，講過不足。更有說服力的是艾倫運用了對比的方法，用即興發揮出來的一個請諸位想想當時的情景和兩個如果的充分條件假言判斷，其攻擊力量「攻無不克」——攻得陶克「由強變弱」，也就使得艾倫轉弱為強。

清末光緒年間，有個叫何梅谷的人，以研究孔孟學說聞名於世。他的老伴卻特別信佛，每天從早到晚要念上一千遍「大慈大悲救苦救難的觀音菩薩」。不讓她念，她不聽；何梅谷擔心這件事會在文人中成為笑柄。於是，他想出了一個好辦法來「改造」自己的老伴。

一天，他叫夫人，老伴應答了；再叫，老伴又應答了；還叫，夫人生氣了，不再答理他了。何梅谷更來勁了，連聲又叫了幾聲，夫人大怒道：「跟叫魂似的，沒完沒了，真煩人！」

何梅谷趁機開導她：「我這才叫了妳幾遍，妳就生氣了，妳一天念一千遍觀世音，菩薩就不煩嗎？」夫人頓時省悟，從此再也不日誦觀音千遍了。

蘇聯童話作家奧雷洛夫長得很黑。有一次，他在公園散步，幾個無賴嘲笑他說：「看，來了一朵烏雲。」

奧雷洛夫應聲巧答：「所以，癩蛤蟆們才叫起來了！」

烏雲來了，蛤蟆就叫。奧雷洛夫從自然現象中得出了反擊對方的結論，多麼機智幽默、巧妙有力。論辯中，很需要這樣的語言。

三、反「刁」一擊

春秋時期，齊國的晏子出使楚國。楚靈王決定無論如何也要羞辱他一番。宴會期間，大家正在喝酒，兩個士兵押著一個男子從殿外經過。楚靈王故意問道：「這是個什麼人，犯了什麼罪？」

士兵回答：「這是齊國人，犯了偷盜罪！……齊國人？」

楚靈王故意強調了一下，轉過頭來問晏子：「你們齊國人都喜歡偷盜嗎？」

晏子一看就知道這是楚王故意安排的把戲，離席回答：「我聽說，橘生淮南則為橘，生於淮北則為枳，葉子雖然相似，果子味道卻大大不同，這是為什麼呢？水土變了。老百姓生活在齊國不偷不盜，到了楚國就做起賊來，這是不是因為楚國水土的原因啊？」

楚靈王無言以對，只好自嘲地說：「和聖人是不能開玩笑的，寡人這是在自討沒趣啊。」

一九七二年，美蘇舉行關於簽署限制戰略核武器的最高級會談時，季辛格向美國代表團的隨行記者介紹情況：「蘇聯生產導彈的速度每年大約二百五十枚。先生們，如果在這時把我當成間諜抓起來，我們該怪誰呢？」

美國記者立即接過話發問：「我們的情況呢？我們有多少潛艇導彈在裝配分導式多彈頭？有多少民兵導彈在配置分導式多彈頭？」

面對這個兩難之問，說不知道那是撒謊；說出實情，那是違法，季辛格博士可不會做那種傻事。只見他沉默了一會兒，說：「我們有多少潛艇，我知道；我們有多少民兵導彈在配置分導式多彈頭，我也知道。」

記者們以為得計了，不料季辛格博士一轉話題於記者：「我的苦處是我不知道這些數字是不是保密的。」

記者們馬上嚷嚷：「不是保密的，不是保密的！」季辛格博士隨即反問：「不是保密的嗎？那你說是多少呢？」

在這裡，一個反詰，反得記者們無還口之語；一個明知故問，鎮得記者們無開口之言。而季辛格博士則金蟬脫殼，顯得技高一籌，而又幽默灑脫。國家大事可以反「刁」一擊，日常生活中這樣的技巧也很有力量。

厚黑有理

用「刁答」對「刁問」的講究，正所謂「以刁克刁」，克敵制勝。

04 厚道爲本得饒人處且饒人

「饒人」也要講究語言藝術，這就是力求在無損於雙方面子和尊嚴的情況下達成妥協。要做到這一點，言語方式和言語內容的選擇是否恰當，就顯得格外重要了。

一、息干戈，妙提難題巧誡人

在雙方激烈的爭論乃至干戈相見的爭辯中，占理的一方如果認為說理已無法消除歧見時，不妨採取一種「外強中乾」的警示性言語來中止爭論，結束衝突。將一個兩難選擇擺在對方面前，就有可能收到警心誡人、平息干戈的效果了。

生物學家巴斯德，一次在實驗室工作時，突然一個男子闖進來，指責他誘騙了自己的老婆，爭論中對方提出決鬥。作為清白占理的巴斯德，他完全可以將對方趕出門去，或者奮起決鬥，但是那樣並不能解決問題，甚至會造成兩敗俱傷的嚴重惡果。這時候巴斯德沈著地說「我是無辜的……如果你非要決鬥，我就有權選擇武器。」對方同意了。

巴斯德指著面前的兩個燒杯說：「你看這兩個燒杯，一個裝有天花病毒，一個有淨水。你先選擇一瓶子喝掉，我再喝餘下的一瓶，這該可以了吧？」

那男子怔住了，他一下子陷於難解的死結面前，只得停止爭論與挑戰，尷尬地退出了實驗室。無疑，正是巴斯德提出的柔中帶刺的難題，才最終使決鬥告吹，干戈止息。

二、化窘迫，類比影射巧暗示

一般說來，爭辯中佔有明顯優勢的一方，千萬別把話說得過死過硬，即使對方全錯，也最好以雙關影射之言去暗示他，迫使對方認錯道歉，從而體面地結束無益的爭論。

有一個人在一家餐館用餐時，發現湯裡有一隻蒼蠅，不由大動肝火。他先質問服務員，對方全然不理。後來他親自找到餐館老闆，提出抗議：「這一碗湯究竟是給蒼蠅的還是給我的，請解釋。」那老闆只顧訓服務員，卻全然不理睬他的抗議。

他只得暗示老闆：「對不起，請您告訴我，我該怎樣對這隻蒼蠅的侵權行為進行起訴呢？」

那老闆這才意識到自己的錯處，忙換來一碗湯，謙恭地說：「你是我們這裡最珍貴的客人！」

顯然，這個顧客雖理占上風，卻沒有對老闆糾纏不休，而是借用所謂蒼蠅侵權的類比之言暗示對方：「只要有所道歉，我就饒恕你。」這樣自然就十分幽默風趣又十分得體地化解了雙方的窘迫。

三、平怨氣，以柔克剛巧警心

爭論中得勢的一方，欲以理服人，一方面需要據理力爭，同時也需要智取。其中，以柔克剛的言語常常能使對方陷入碰軟釘子的境地，不失為一種結束爭論的有效手段。

有一對夫妻，丈夫趁妻子週末回娘家之際，邀請了自己的哥們在家吃喝玩樂，弄得杯盤狼藉，全都醉倒在床上。

妻子回來後，見此狀立即拿出主婦的威風，大喊：「都給我起來！」自然，丈夫的哥們前腳一走，後腳便是夫妻之間的「內戰」爆發。

兩人針鋒相對，寸土不讓，爭吵得十分激烈。丈夫怒不可遏，高高地舉起一隻巴掌，正欲打下去，妻子卻突然狂笑道：「好，好，沒想到你還真進入角色了……你打吧，這一巴掌打下去，你會後悔一輩子的！」

說也奇怪，此言一出，丈夫那高舉起的手掌便戛然而止，一場沖天怒氣也化為烏有了。妻子的話雖然不軟不硬，不急不躁，卻頗具警心誡人的威懾力，哀怨也有，憤怒也有，警示也有，彷彿滅火器一般，巧妙地化解了無理一方的怨氣與衝動。

四、搭台階，「你好我好」巧圓場

生活中常有一些人特別固執己見，十分容易為些小事情跟別人爭論，而且火藥味濃烈。這時候，得理的一方應當有饒人的雅量，他可以一面解釋一面折中調和，最好使用不帶刺激性的「各打五十大板」或者「你好我好」的語言形式，以避免衝突的擴大。

有一位先生，一次上岳父家吃飯，進餐時翁婿兩人聊起了一條高速公路的修建問題。那先生強調：公路的進度一再推遲，是有關單位的一個嚴重錯誤；而岳父則不同意，認為公路本來就不該興建。

兩人你一言我一語，爭論漸趨激烈。後來那位岳山大人把問題扯到「年輕人自私心重，沒有環保意識」上面，顯然是在批評那先生。

那先生怕再爭論下去傷和氣，便開始緩和下來，他婉轉地說：「可能我們的看法永遠也不會合轍，可是，那沒有什麼。也許我們都是對的，也許我們都是錯的，這也是未可知的事。」那先生的一席話，不僅給自己搭了台階，也給論題打了圓場。避免了雙方爭論不休，衝突擴大，影響感情。試想，如果那先生意氣用事地與岳父爭論下去，結果會如何呢？很可能惹火老岳父，被臭罵一頓。

五、熄怒火，誠懇解釋巧勸慰

一所醫院裡病人擠滿了候診室，一個病人排在隊伍中，將手上的報紙都看完了也沒有挪動一步。於是他怒火萬丈，敲著值班室的窗戶對值班人員大喊：「你們這是什麼醫院？這麼多人排隊你們看不見嗎？為什麼不想辦法解決？我下午還有急事呢？」

值班員面對病人的怒火耐心解釋說：「很抱歉，讓你等了這麼久。是這樣的，醫生去開刀了，搶救一個危險病人一時脫不了身。我再打電話問問，看看他還要多久才能出來。謝謝你的耐心等候。」

患者排大隊得不到及時診治，責任並不在那個值班員身上，但是面對病人的錯怪，他卻沈住氣一面解釋，一面勸慰，這就比以怒制怒，火上添油的回答好多了。

六、除蠻橫，寬以待人巧自責

面對蠻橫無理者，得理者若只用以惡制惡的方式，常常會大上其當。這時候，平息風波的較好方式，莫過於得理者勇敢地站出來，主動承擔責任。從語言角度上講以自責的方式對抗惡人惡語，也是以柔克剛的有效手段。

有一個商場營業員，遇一個中年男子來退一個電鍋。那鍋已經用得半新半舊了，他卻粗聲大氣地說：「我用了一個多月就壞了，這是什麼鳥貨？你再給我換一個。」

營業員耐心解釋。他卻大吼大嚷，並滿口髒話說什麼「我來了你就得給退貨，光賣不退算什麼服務？」

營業員雖然占理，但為了不使爭吵繼續下去，便溫和地對他說：「這種電鍋已經使用一段時間了，也不是零件的問題，按規定是不能退的。可是你執意要退，那就乾脆賣給我好了。」就在他掏錢的時候，那個粗暴的男顧客臉紅了。他終於停止了爭吵，悄然離去。

顯然，營業員的寬容與自責方式起了良好作用。因為它反襯出對方的無理和低劣，從而從容地制止了事態的擴大。

七、止爭吵，幽他一默巧解紛

人與人相處，發生爭吵在所難免，甚至夫妻那樣的親密關係也不會例外。

對此，一旦有了紛爭，即使認為自己一方在理，也應避免過分的數落、指責。這時候，最好的方式是使用調侃、幽默的言語，澆滅對方的怒氣，達到釋疑解紛的效果。有對夫妻商量出席友人婚禮時，妻子纏著丈夫要買一件昂貴的禮服。此時正值家裡「經濟危機」，丈夫自然不肯答應花這筆錢。

爭吵中妻子賭氣似地說：「人家小金的老公多大方，早就給自己的老婆買了這種禮服，哪像你，小氣鬼！」

丈夫不願爭論，只是故意誇張地說：「可是，她有妳這樣漂亮嗎？我敢說，她們有妳這樣美，根本就不用買禮服裝飾了，是嗎？」

妻子一聽這幽默的讚語，不覺轉怒為笑，一場爭吵也隨之止息了。

厚黑有理

不少時候人和人之間的相互發火，是因為互不瞭解、有失溝通造成的。這時候得理的一方切不可因對方的錯怪而以怒制怒。最好的方式是多加解釋、想法溝通或者道歉、勸慰，與對方達成諒解或共識。須知，無論怎樣的「口軟」都無損於自己的威信。

05 爭取人氣，力辯獲勝

一天，啟民陪朋友一起去商店買口琴。當漂亮的櫃檯小姐得知朋友需要一把口琴時，她立刻向朋友推薦「金蛙」牌，由於價格太貴，朋友沒有接受。

小姐馬上又推薦「蝴蝶」牌口琴又便宜又美觀，音質也好。她邊說邊從琴盒裡取出遞給朋友試吹。朋友一試，覺得還是沒有過去那把舊的音質好，小姐又急忙換了一把讓重試，結果音質更差，而且外殼上還有一小片銹斑。朋友搖了搖頭，決定到外面專賣店去買。

她們剛要離身，小姐走出櫃檯把朋友留住了：「口琴妳已經試吹了，就得買下！」

「我不滿意，為什麼要買？」朋友申辯道。

只見小姐迅速地從琴盒裡抽出一張說明書，指著最下面的「注意事項」，「有理有據」地說：「妳仔細看一看，『不要試吹，以防生銹或傳染病菌』。這又不是我規定的，這是國家規定的。」

「不是你讓我試吹嗎？」朋友辯解道。

「是妳說妳要買下的，不然，我怎麼會讓妳試吹？口琴不能試吹這點常識難道我賣口琴的還不知道？」小姐振振有詞。

二人的爭論引來好多人，一些不明真相的人聽了小姐的話也說朋友不對，朋友一時急得不知如何為自己辯解。

「拿去，九百塊。」小姐見朋友無力辯解，乘勝追擊，手裡拿著剛才那把生銹的口琴，像一面勝利的旗幟插在朋友的口袋裡。

三百多元的東西要九百元，啟民實在忍無可忍，一步衝上前去，舉起那把生銹的口琴說：「我來請大家評評理好不好？」因為他相信眾人的眼光是雪亮的，在這種場合要取得勝利，必須爭取群眾的支持。他看到大家都把目光集中到他的身上，於是說：「大家說說看，不滿意的東西你們買不買？如果你們買這把生銹的口琴你們滿意不滿意？」他邊說邊指給眾人看那口琴上的銹斑。

小姐看形勢有變，迅速取出試過的第一把口琴：「換成這把，這把也試了。」小姐想以此來穩住「陣腳」。

「既然她買一把，妳為什麼要讓她試兩把？『口琴不能試』這點常識妳又不是不知道？」啟民用她剛才說的話來反問他。「讓她試兩把，是為了讓顧客儘量滿意。」小姐忙拿「服務」來做擋箭牌。

「既然妳是為了讓她滿意，而她又不滿意，妳為什麼還要強迫她買？況且，妳們又沒有具體講價，妳就一廂情願地要九百塊，這難道也是為了她滿意？」至此，圍觀的人都徹底明白過來，紛紛指責櫃檯小姐，小姐無力招架，奪去口琴，憤憤地走回櫃檯。

在這場辯論中，啟民之所以取勝，關鍵在於爭取了群眾的支持。服務小姐借助受蒙蔽的群眾向啟民的朋友施壓，啟民則闡明事實真相，爭得群眾站在他們一邊。對方一無真理，二無群眾，只好乖乖地認輸。

厚黑有理

有時，有理這件事是來自於群眾感覺的，取信群眾說服大家也是十分重要的。

人不要臉，鬼都怕：人性厚黑心理學（讀品讀者回函卡）

■ 謝謝您購買這本書，請詳細填寫本卡各欄後寄回，我們每月將抽選一百名回函讀者寄出精美禮物，並享有生日當月購書優惠！
想知道更多更即時的消息，請搜尋"永續圖書粉絲團"

■ 您也可以使用傳真或是掃描圖檔寄回公司信箱，謝謝。
傳真電話：（02）8647-3660　　信箱：yungjiuh@ms45.hinet.net

◆ 姓名：＿＿＿＿＿＿＿＿＿＿　□男　□女　　□單身　□已婚

◆ 生日：＿＿＿＿＿＿＿＿＿＿　□非會員　　□已是會員

◆ E-mail：＿＿＿＿＿＿＿＿＿＿　電話：(　)＿＿＿＿＿

◆ 地址：＿＿＿＿＿＿＿＿＿＿＿＿＿＿＿＿＿＿＿＿

◆ 學歷：□高中以下　□專科或大學　□研究所以上　□其他＿＿＿＿

◆ 職業：□學生　□資訊　□製造　□行銷　□服務　□金融
□傳播　□公教　□軍警　□自由　□家管　□其他＿＿＿＿

◆ 閱讀嗜好：□兩性　□心理　□勵志　□傳記　□文學　□健康
□財經　□企管　□行銷　□休閒　□小說　□其他

◆ 您平均一年購書：□ 5本以下　□ 6～10本　□ 11～20本
□21～30本以下　□ 30本以上

◆ 購買此書的金額：＿＿＿＿＿＿＿＿

◆ 購自：□連鎖書店　□一般書局　□量販店　□超商　□書展
□郵購　□網路訂購　□其他

◆ 您購買此書的原因：□書名　□作者　□內容　□封面
□版面設計　□其他

◆ 建議改進：□內容　□封面　□版面設計　□其他＿＿＿＿＿

您的建議：

剪下後傳真、掃描或寄回至「22103新北市汐止區大同路三段194號9樓之1讀品文化收」

廣 告 回 信
基隆郵局登記證
基隆廣字第 55 號

2 2 1 - 0 3

新北市汐止區大同路三段 194 號 9 樓之 1

讀品文化事業有限公司 收

電話/(02)8647-3663　傳真/(02)8647-3660

劃撥帳號/18669219　永續圖書有限公司

請沿此虛線對折免貼郵票或以傳真、掃描方式寄回本公司，謝謝！

讀好書品嚐人生的美味

人不要臉，鬼都怕：人性厚黑心理學